Corporate Design Preis

2000

Impressum

>> **Herausgeber und verantwortlich für den redaktionellen Inhalt**
kommunikationsverband.de
Adenauerallee 118, 53113 Bonn
Telefon: ++49. 228. 949 13-0
Telefax: ++49. 228. 949 13-13
e-mail: info@kommunikationsverband.de

Projektleitung
Varus Verlag, Bonn. Birgit Laube

Gestaltung
Varus Verlag, Bonn. Iris Etienne

Titelgestaltung
Varus Verlag, Bonn. Iris Etienne

Titelfotografie
Kuhn, Kammann & Kuhn GmbH, Köln

Reproduktion
Christoph Fein, Essen

Lithografie
mediaworx GmbH, Euskirchen

Druck
Heggen Druck, Leverkusen

Bindung
Buchbinderei Burkhardt AG, Zürich-Mönchaltorf

Umschlagveredelung
Bawarel, Bern

Papier
nopaCoat premium silk
150 g/m2 (TCF),
ein holzfreies, spezialmattes, hochweißes,
zweiseitig doppelt gestrichenes Bilderdruckpapier
der Nordland Papier AG, Dörpen

Verlag
Varus Verlag
Königswinterer Str. 552
D- 53227 Bonn
Telefon: ++49. 228. 944 66-0
Telefax: ++49. 228. 944 66-66
e-mail: info@varus.com
Internet: www.varus.com

Anzeigenleitung
Varus Verlag, Bonn. Birgit Laube

Produktmanagement
Varus Verlag, Bonn. Detlef Mett

Die Deutsche Bibliothek – CIP-Einheitsaufnahme

Berliner Type 2000, Corporate Design Preis 2000 : Druckschriftenwettbewerb / Hrsg.: kommunikationsverband.de - 1997 –. – Bonn : Varus-Verl., 1997 – 2000. – (2000) ISBN 3-928475-40-1

Das Werk einschließlich aller seiner Teile ist urheberrechtlich geschützt. Jede Verwertung außerhalb der engen Grenzen des Urheberrechtsgesetzes ist ohne Abstimmung des Verlages unzulässig und strafbar. Dies gilt insbesondere für Vervielfältigungen, Übersetzungen, Mikroverfilmungen und die Einspeicherung und Verarbeitung in elektronischen Systemen. Alle Rechte vorbehalten:
© Varus Verlag 2000

ISBN 3-928475-40-1

Inhalt

>> **Vorwort** 4

Introduction to English Readers 7

>> **Corporate Design Preis 2000**

Trends der Einreichungen 10
in den Statements der Jury
Prof. Peter von Kornatzki, Darmstadt

Design – Ausdruck des Seins 14
Erscheinungsbilder in Zeiten
besonderer Herausforderungen
Dr. Klaus Schmidt, London

Ohne Menschen findet 20
eine Marke nicht statt
Alexander Luckow, Hamburg

Nieder mit dem Corporate Design! 26
Es lebe das Corporate Dessin!
Prof. Peter von Kornatzki, Darmstadt

Corporate Design in der Umsetzung 32
Ein Praxisbeispiel
Siegfried Kübler, Stuttgart

>> **Die Jury Corporate Design Preis** 36

Gold 38

Silber 40

Bronze 42

Shortlist 44

Ranking 62

Register 64 <<

Lutz E. Weidner. Hauptgeschäftsführer | kommunikationsverband.de, Bonn

\>\> Vorwort \<\<

>> Corporate Design ist angesichts der Kurzfristigkeit vieler Unternehmensentscheidungen für die Marken- und Imagebildung ein zentrales Moment ganzheitlicher Kommunikationsarbeit.

Der kommunikationsverband.de hat daher mit dem Corporate Design Award ein Instrument geschaffen, das beispielhafte Lösungen herausstellt und dokumentiert. Auch dieser Award ist daher ein Beitrag des kommunikationsverband.de zur Qualitätssicherung und -verbesserung. Dies gilt auch für die anderen von ihm veranstalteten Kreativ-Awards wie zum Beispiel den BoB Best of Business-to-Business, den Werbefilmwettbewerb DIE KLAPPE oder den Print-Wettbewerb Berliner T pe.

Auf die diesjährige Wettbewerbsausschreibung hin wurden der Jury 99 Arbeiten aus Österreich, Deutschland und der Schweiz eingereicht. Drei CD-Konzepte wurden mit einem Award ausgezeichnet. Ferner wurden elf Auszeichnungen vergeben.

Der Jury ist an dieser Stelle für Ihr Engagement zu danken. Sie stellt sicher, dass Expertise und umfangreiche Erfahrung für die Bewertung zur Verfügung stehen.

Ein solches Projekt zur Qualitätsverbesserung erfordert neben dem Eigenbeitrag der Wettbewerbsteilnehmer tatkräftige Unterstützung und die Hilfe von Sponsoren und Partnern. Diesen möchte ich an dieser Stelle – ebenso wie dem HKS-Warenzeichenverband, >>

>> unserem Partner bei diesem Award – gleichfalls danken. So wurden die Jury-Sitzung und die Preisverleihung zusätzlich von der Firma Modo Paper unterstützt; die Firma Nordland Papier stiftete das hochwertige Material für die Dokumentation, und der Arbeitskreis Prägefoliendruck machte die technische Umsetzung des repräsentativen Schutzumschlages möglich.

Dank gebührt aber auch den Autoren sowie unseren kompetenten Partnern bei der Realisierung dieser Dokumentation des Wettbewerbs: dem Varus Verlag (Bonn) für die verlegerische Betreuung und hochwertige Gestaltung der Dokumentation, die Pressearbeit sowie die Koordination und Unterstützung der Preisverleihung, der Agentur Kuhn, Kammann & Kuhn (Köln), dem Fotografen Christoph Fein (Essen) und den Lithografen, Druckern und Weiterverarbeitern, die dazu beitrugen, dass die Präsentation der Gewinnerarbeiten und des Wettbewerbs in einer dem Anspruch des Wettbewerbs angemessenen Weise möglich wurde.

Wir hoffen, Sie mit dem vorliegenden Werk zu inspirieren und würden uns freuen, Sie beim nächstjährigen Corporate Design Preis als Einreicher begrüßen zu dürfen! <<

>> Introduction to English Readers <<

>> Each year, the German kommunikationsverband.de (IAA) organizes several high-ranking creative awards in the field of communication. The awards cover corporate design, print objects, business to business, film and sponsoring, just to name a few. The organization's aim is to improve quality and competence in communication by giving agencies and companies a platform to have their works judged by renowned experts.

The publication you see before you concentrates on corporate design. The book presents the winners of the International Corporate Design Award 2000 and publishes articles on topics of actual interest in this field of communication. As this year's winners will be honoured in Frankfurt/Main, the articles concentrate on advertising and communication in Germany.

The documentation presents short English abstracts an the end of each article in order to give English readers a hint of the most important aspects. Articles originally written in English are printed in a full-length German translation.

The award's focus is international, though focusing on German-speaking countries (Austria, Germany and Switzerland). The award allows agencies and companies located in these countries or working for clients located in these countries to enter their works. This year, about 100 works were entered in the contest. The jury awarded 3 medals (1 gold, 1 silver, and 1 bronze) and 11 shortlists.

Herewith, the kommunikationsverband.de would like to thank everybody who contributed to the realization of the award and the book before you: sponsors, partners, authors, the members of the jury and, last not least, the participants of this year's award. Will we see you in 2001? <<

Dank an die Sponsoren

Modo Papier
Nordland Papier
Arbeitskreis Prägefoliendruck

in Zusammenarbeit mit
HKS Warenzeichenverband

Corporate Design Preis
2000

Prof. Peter von Kornatzki. Visueller Gestalter | **Fachhochschule Darmstadt**

Schriftsetzerlehre in Stuttgart | **1963–1967** Studium an der Hochschule für Gestaltung Ulm (Visuelle Kommunikation) | **ab 1967** Konzeption und Redaktion von „Format", Zeitschrift für verbale + visuelle Kommunikation | **1972** Gründung des Büros für Kommunikationsplanung; Publikationen zu allen Themen der Gestaltung | **seit 1974** Professor für Kommunikations-Design im Fachbereich Gestaltung der FH Darmstadt, Schwerpunkt: Corporate Design und Informationsgrafik

>> Corporate Design Preis 2000 <<

Trends der Einreichungen in den Statements der Jury

\>\> Corporate Design, sollte man meinen, muss als langfristig greifendes unternehmerisches Vorhaben nach bewährtem Muster funktionieren: Klares Logo, definierte Farben, Typo und Raster, feste Layoutregeln, verbindliche Gestaltungsmodelle – fertig ist das unverwechselbare visuelle Programm. Irrtum! Auch hier gibt es, wie an jeder Gestaltungsfront, strategische Umbrüche, wechselnde Trends, aktuelle Befindlichkeiten und neue, bewegende Ideen.

Der Corporate Design Preis bezeugt diesen Prozess in jedem Jahr aufs Neue. Auch diesmal waren unter den 99 Einsendungen aus Österreich, der Schweiz und Deutschland wieder bemerkenswerte Projekte, die den Blick auf den letzten Stand der Dinge schärfen. Auffällig vor allem: Neben dem klassischen, unveränderbaren Logo als dominantem Erkennungszeichen visueller Erscheinungsbilder etablieren sich veränderbare „Programm-Zeichen" aus unterschiedlichen Gestaltungselementen; sie gewinnen ihren Logo-Charakter erst allmählich im kalkulierten wechselnden Spiel grafischer Formen, Farben oder Typo, das sich dabei dem unterschiedlichen Typus einzelner Kommunikationsmittel anpasst.

Überzeugende Beispiele für diesen Trend: Das CD-Konzept von „Kabel New Media" (1. Preis), ein visuelles Programm von spektakulärer Einfachheit aus Rechteckraster, offener Farbstruktur und raffiniert gegliederter Typografie, das tatsächlich „virtuelle Datenstrukturen" assoziiert; ebenso innovativ das Formen- und Farb-Programm des Wiener „Rhiz" (3. Preis), das die spezifische Klangwelt dieses Lokals für elektronische Musik und Multimedia sinnlich fassbar auf gedruckte Flächen überträgt – also Akustisches „lesbar" macht.

Die zweite auffällige Entwicklungstendenz betrifft die strategische Planung der Corporate Identity: Je klarer und schlüssiger ein CD-Konzept definiert ist, desto offener und flexibler kann das Gestaltungs-Programm entworfen werden, das es nach innen und außen wachsen läßt. Ein überzeugendes, modernes Lehrstück für diese im Grunde alte Erkenntnis ist das Gestaltungsprogramm der Schweizer „Expo.01" (2. Preis), die allerdings erst 2002 stattfinden wird. Das Konzept berücksichtigt nämlich nicht nur den „offenen" Zeitplan, also die Realisation in Phasen, sondern auch die Einbeziehung von Ausstellern, Sponsoren, Werbeagenturen und Designbüros mit ganz unterschiedlichen Interessen oder „Handschriften". Es bietet dafür als „visuelle Klammer" ein modulares System alternativer Gestaltungselemente, also Vielfalt in der Einheitlichkeit und damit ein Höchstmaß individueller Differenzierungsmöglichkeiten.

Das Fazit beim Corporate Design Preis 2000: Für die Globalisierung der Kommunikation mit den notwendigen regionalen und ethnischen Spezifikationen gibt es eindrucksvolle CD-Modelle; der Trend zu einer „Ästhetik der Reduktion" gewinnt durch Übernahme visueller Sprachelemente der Anarcho- und Techno-Szene mehr Zeitbezug und Witz; und die jungen kleinen Designbüros kaufen der Großen der Branche immer mehr Schneid ab!

Beklagenswert allerdings eine andere Tendenz: Viele kluge, auch visuell durchdachte CD-Konzepte werden offensichtlich durch schlampige Supervision oder durch Beauftragung unbedarfter Agenturen ad absurdum geführt und streckenweise führt die neue Sparsamkeit in Unternehmen zu einem Oberflächen-Branding, bei dem nur noch die Logos und Hausfarben auf Briefköpfen, Prospekten oder Websites an Corporate Design erinnern, sonst aber Kraut und Rüben wuchern. Überhaupt. Gilt Corporate Design nicht (oder noch immer nicht) für Websites und Internet-Auftritte? Jedenfalls gab es dazu auch in diesem Jahr nur eine Hand voll Einsendungen. Und die waren meist aus der Steinzeit! \<\<

>> The Corporate Design Award 2000 – Trends <<

>> The function of corporate Design – at least according to what we believed in up to now – has to be understood as a long-term company's concept: a clear logo, defined colors, type, screens, rules for the layout, compulsory models for the creation – an unmistakable visual program. But: what we face today are strategic changes, varying trends, actual sensations and new, moving ideas.

For instance: Next to the classic, unchangeable logo as the dominant visual sign of recognition we now find an increasing number of so-called program-signs. These signs, allowed to change and consisting of different creative elements, gain their logo-like character only as a result of a clearly calculated game of changing grafic forms, colors, or type, thus adapting to the different media in communication.

In accordance to the increasing globality of communication the works entered in this year's Corporate Design Award delivered impressing examples for the necessary regional and ethnic specifications. There was also a trend to aesthetic reduction. The inclusion of visualized spoken elements from the techno- and anarcho-scene gained in regard to actuality and wit. Furthermore, small design bureaus not yet established won in comparison to the big establishment.

But we also have to complain. Many clever, even visually clear concepts lacked adequate supervision. Furthermore, several examples demonstrated that parsimony creates „surface-branding": Only logos and brand colors in letter-heads, brochures or websites still remind us of corporate design – the rest is higgledy-piggledy. And: is corporate design not valid to websites and internet-presentations?

We do long for entries which are up to date! <<

Ein Magazin, das die Grenzen auflöst
zwischen Wirtschaft und Gesellschaft, zwischen Wirtschaft und Kultur,
zwischen Wirtschaft und Wissenschaft.

Das glauben Sie nicht?

brand eins. Das Wirtschaftsmagazin. Jeden Monat neu.
Bestellen Sie ein Probeabo unter typo@brandeins.de

Dr. Klaus Schmidt. Geschäftsführender Gesellschafter | **Henrion, Ludlow & Schmidt, London**

Das internationale Beratungsunternehmen für Corporate und Brand Identity ist der Überzeugung, dass Design zum unverzichtbaren Bestandteil jeder Unternehmensstrategie gehört.

» Design – Ausdruck des Seins «

Erscheinungsbilder in Zeiten besonderer Herausforderungen

>> In Zeiten technologischer Veränderungen und zunehmender Globalisierung besteht für Unternehmen und Marken auch ein gesteigerter Bedarf an Designleistungen. Die Inhalte von Kommunikation und Design müssen sich in diesem Zusammenhang zunehmend interkulturell behaupten. Global zu denken, aber unterschiedliche regionale Normen, Mentalitäten und Konditionierungen zu berücksichtigen – das ist im Zuge der Globalisierung eine wesentliche Aufgabe für Unternehmen und Organisationen.

Gleichzeitig nehmen die Darstellungsmöglichkeiten für die Umsetzung von Design-Konzepten zu: Der elektronische Raum der Online-Kommunikation ist immer auch ein Erlebnisraum, in dem Form, visuelle Dimension und damit Symbolik eine große Rolle spielen. Damit Design Potenziale nutzen und Ressourcen effizient ausrichten kann, müssen verschiedene Aspekte und Dimensionen, aus denen sich Unternehmensidentität definiert, vernetzt werden.

Industrie-Design: die Anfänge

Mit der Industrialisierung begannen auch die Bemühungen um Identität und Identifikation – und damit hielt das Design Einzug in die deutsche Industriekultur. Anfang des 20. Jahrhunderts wurde in Deutschland bei der AEG eines der ersten umfassenden Corporate Design-Programme entwickelt und umgesetzt. Die Berufung des Architekten und Designers Peter Behrens als künstlerischer Beirat der AEG im Jahre 1907 stand am Beginn einer Entwicklung, die besonderes Augenmerk auf den visuellen Auftritt von Unternehmen und Produkten legte. Das gesamte Erscheinungsbild sollte in all seinen Details einem einheitlichen Stil folgen und so dem Unternehmen ein eigenständiges, charakteristisches Profil geben.

Die deutsche Industrie der Gründerzeit war von bekannten Familien und Patriarchen geprägt. Werner von Siemens lag sein Siemens-Stil sehr am Herzen: Der Einfluss des Firmengründers prägte das Unternehmen in den ersten Jahrzehnten seines Bestehens ab 1847 entscheidend. Seine Persönlichkeit hatte eine so starke Wirkung, dass sein Lebens- und Führungsstil zum Stil des Hauses wurde. Dadurch gelang es ihm, ein Bild von Siemens in der Öffentlichkeit zu schaffen, das sich durch technischen Pioniergeist, höchste Qualität und einen eher zurückhaltenden aber dennoch sehr selbstbewussten Auftritt auszeichnete.

>>

Design – unverzichtbarer Teil jeder Unternehmensstrategie

In den 70er Jahren etablierten sich strategische Managementkonzepte. Mit der propagierten strategischen Unternehmensführung wurden visuelle Aspekte in Beziehung zu Kommunikation und Unternehmenskultur gesetzt. An den Fachhochschulen entstanden Ausbildungsgänge mit Spezialisierungen in Industrie- und Kommunikationsdesign. Bis Ende der 80er Jahre gab es jedoch in der Praxis keine klare Abgrenzung der Disziplin Corporate Design: Ohne wissenschaftliche Grundlagen und umfassende Erfahrungen boten neben Grafik-Designern und PR-Beratern auch Werbeagenturen ihre Design-Lösungen unter der Formel „Corporate Identity" an. Ende der 80er standen damit noch keine objektiven, empirisch gesicherten Informationen aus den Unternehmen oder eine kohärente Methodik für die Praxis der Design-Entwicklung zur Verfügung.

In den 90er Jahren hat Henrion, Ludlow & Schmidt eine europaweite Studienreihe zur Bedeutung von Corporate Identity und Corporate Design durchgeführt und auf der Grundlage der so aus der Praxis gewonnenen Erkenntnisse einen interdisziplinären Struktur- und Prozessansatz entwickelt. Die Kenntnis der Bedingungen und Anforderungen der Unternehmen und die Vernetzung der Dimensionen Unternehmenskultur, Unternehmensverhalten, Marktauftritt, Produkte und Dienstleistungen, Kommunikation und Design tragen – wie die Studienreihe zeigte – entscheidend dazu bei, die gewünschte Zielpositionierung zu erreichen, sich vom Wettbewerb zu differenzieren, visuelle Identität und Marktpräsenz zu schaffen, Integration zu unterstützen und damit entsprechend den sozialen und ökonomischen Herausforderungen der Zeit zu agieren.

Design muss der Marke dienen

Die strategische Entwicklung und Umsetzung von Design muss heute in der Regel unterschiedlichen Unternehmens- und Markenzielen dienen. Mehr und mehr Unternehmen haben diese strategische Rolle des Designs erkannt und ein professionelles Designmanagement eingeführt. In Deutschland gibt es in diesem Zusammenhang eine Reihe von großen Namen, die schon seit Jahrzehnten einen integrativen Design-Ansatz erfolgreich praktizieren und eine Pionierrolle für die Designorientierung von Markenartikeln übernommen haben, wie z.B. Braun, Krups, Lamy oder Miele. Jetzt gilt es ganz besonders für Dienstleister und die Investitionsgüterindustrie ein Bewusstsein für Design zu entwickeln und dieses Bewusstsein in strategische Markenkonzepte einfließen zu lassen.

Generell wird heute die Koordination des visuellen Marktauftritts mit der spezifischen Kompetenz, den Verhaltensweisen und der Kommunikationsstrategie in den meisten Unternehmen als Management-Aufgabe erkannt. Das Wechselverhältnis zwischen Design und Marke muss dabei jedoch in den meisten Fällen stärker in den Vordergrund gestellt werden. Denn erfolgreiches Designmanagement geht weit über die Entwicklung von Richtlinien für grafische und typografische Ordnungen und Normen hinaus. Designmanagement ist als Bestandteil der Unternehmens- und Markenstrategie wesentlicher Bestandteil eines ganzheitlichen Führungskonzeptes.

TENOVIS
Wir entwickeln Vorsprung.

Sagen Sie der Konkurrenz Adieu.
Mit innovativer Business Kommunikation von Tenovis.

Im entscheidenden Moment besser als der Wettbewerb und der Konkurrenz stets einen wesentlichen Schritt voraus sein – das ist der Vorsprung, den Tenovis Ihrem Unternehmen bietet. Als visionäres Hi-Tech-Unternehmen, hervorgegangen aus Telenorma und Bosch Telecom, erkennen wir die Möglichkeiten des Internetzeitalters und entwickeln zukunftsweisende Innovationen in der Web-basierten Informationstechnologie und der Telekommunikation: intelligente anwenderspezifische Lösungen, die Ihr Business einfach viel effizienter und schneller machen.

www.tenovis.com info.service@tenovis.com, Tel. 08 00/2 66 10 00

Der Erfolg im Wettbewerb hängt eng damit zusammen, wie stimmig sich Unternehmen und Marken im Markt visuell präsentieren. Inhalt und Form aufeinander abstimmen – das ist die Aufgabe im Designmanagement, damit das Erscheinungsbild Vision, Ziele und Kernkompetenzen des Unternehmens angemessen darstellt und die zentralen Erfolgsaspekte unterstützt.

Strategische Identitäts-Lösungen sollten weniger formalisieren als vielmehr interpretieren. Design vermittelt Vorstellungen. Die geweckten Assoziationen und Emotionen sind in der Lage, Unternehmen, Marken und Leistungen im Wettbewerb zu differenzieren. Erst wenn Design in eine ganzheitliche Identitätsstrategie integriert ist, kann ein abgerundetes Unternehmenskonzept entstehen.

Einheit in der Vielfalt

Seit der Etablierung der Online-Kommunikation Ende der 90er Jahre haben sich die Darstellungsformen und -möglichkeiten von Design vervielfacht. Diese Vielfalt verlangt Einheitlichkeit. Nur so bleibt die Orientierungsfunktion von Design erhalten. Nur so fördert Design Identität. Orientierung und Identität wiederum erfordern Ordnung. Der zunehmende Ordnungsbedarf in der Selbstdarstellung von Unternehmen und Marken hat vielfach zu Gestaltungsvorschriften und -richtlinien geführt. Vorschriften formalisieren in der Regel und stellen eine Distanz her. Identität hat jedoch mit Identifikation zu tun, nicht mit Distanz. Beim Designmanagement geht es daher vorrangig darum, zunächst Grundlagen und Werte gemeinsamen Empfindens und Handelns zu entwickeln. Oder – sollten sie nicht offensichtlich sein, sie herauszuarbeiten, sie deutlich zu machen, sie zu fördern und in eine Überzeugung zu verwandeln.

Es geht um die Entwicklung und Festlegung einer gestalterischen Grundhaltung, die im Idealfall durch ihren Ausdruck das gesamte Unternehmen prägt. Design ist also das Gegenteil von Beliebigkeit und Willkür. Designmanagement ist im Idealfall nicht nur der exakte Spiegel einer zugrunde liegenden Denkhaltung, sondern gleichzeitig auch Abbild von Kundenvorstellungen und Kundenbedürfnissen – und das auf nationaler wie internationaler Ebene.

Designmanagement spielt deshalb insbesondere bei Dienstleistungsunternehmen eine wichtige Rolle. Denn ihre Leistungen definieren sich nicht über den reinen Gebrauchsnutzen. Emotionale Faktoren wie Markenpersönlichkeit, Identifikation und Erlebnis bekommen immer mehr Bedeutung. Es geht heute beim Design um die professionelle Inszenierung von Unternehmens- und Lebenskultur, von Emotionalität mit dem Ziel einer vertieften Kundenbindung. Designmanagement schafft eine Erlebniswelt und ist damit auch ein Stück Markenführung.

>> Design – an expression of our existence <<

>> In times of technological change and growing globalisation, companies and their brands face more challenges than ever before. For the communication and design disciplines this means having to compete in an international environment, which requires global thinking whilst, at the same time, taking into account regional requirements. With online communication and e-commerce playing an increasingly important role, the possibilities for expressing and implementing design solutions grow more and more varied. To make efficient use of potential and resources, the different dimensions constituting a corporate identity have to be linked synergetically.

Industrial design: the beginnings

With the onset of industrialisation the first efforts were made to express identity, and design started to feature in Germany's industrial culture. At the beginning of the 20th century, AEG developed one of the first comprehensive corporate design programmes. During this period, German industry was dominated by well known families and patriarchs, with founders such as Siemens influencing business styles to a great extent.

Design: a necessary part of every corporate strategy

In the 1970s, strategic management concepts were established which related visual elements to communications and corporate culture.

Colleges developed courses specialised in industrial and communications design. However, until the late 80s there was neither a clear definition of the discipline nor empirically valid and objective methods for design development at hand.

In the 90s HLS developed a series of studies on corporate identity and design, which formed the basis of an interdisciplinary model. The findings showed that linking the dimensions of corporate culture, corporate behaviour, market strategies, products & services, communications and design contributes significantly to achieving the desired targeted positioning, differentiation from competitors, visual identity and presence in the marketplace.

Design must serve the brand

More and more businesses have recognised the strategic role of design and introduced professional design management, e.g. Braun, Krups, Lamy or Miele. Now it is important that service providers and the capital goods industry develop a similar understanding of design.

Successful design management goes far beyond the development of visual identity guidelines – it is an essential part of a holistic management concept. Market success is reflected by the consistent way businesses and brands present themselves visually.

Consistency in variety

The number of ways of expressing and applying design have multiplied since the establishment of online communications at the end of the 90s. This variety demands consistency, so that the orientational function of design can be maintained.

The task of design management is to correlate content and form to express vision, mission and competencies of both company and brands. Ideally, the task of design management is to represent the underlying strategy, thoughts and ideas and, moreover, national and international customer needs.

In service industries in particular, design management plays a significant role, as emotional factors such as brand personality and identification are becoming increasingly important to build up customer loyalty. As such, design forms an integral part of brand management.

<<

Alexander Luckow. Creative Director | **Enterprise IG, Hamburg**

geboren 1961 in Berlin; Studium in Berlin, den Vereinigten Staaten und Großbritannien; BA(hons) vom London College of Printing 1988 | danach als Designer / Art Director in Design- und Werbeagenturen in London, Oberitalien, Berlin und Prag tätig; mehrjährige selbstständige Tätigkeit | **seit 1995** ausschließlich spezialisiert auf Corporate Branding | **seit 1998** bei Enterprise IG in Hamburg.

>> Ohne Menschen findet eine Marke nicht statt <<

\>\> Menschen lieben Dinge, die ihr Dasein angenehm und komfortabel machen: Essen, Getränke, ein Dach über dem Kopf, Wärme, Geborgenheit. Sie wünschen sich Kleider, die sie schützen, Möbel, in denen sie bequem sitzen, Fahrzeuge, die sie transportieren oder Geräte, die ihnen helfen zu kommunizieren. Kurzum Dinge, die sie physisch erleben und genießen können.

Haben sie die Wahl, entscheiden sie sich für die Dinge, die sie positiv wahrnehmen, die in ihren Augen einen Zweck erfüllen. Dinge, die ihrem Leben einen zusätzlichen Nutzen oder gar einen Sinn versprechen. Sie greifen zu derjenigen Marke, die durch ihre Bekanntheit und ihre Einmaligkeit Vertrauen ausstrahlt.

Doch auf Menschen kann man sich – rein kommunikationstheoretisch natürlich – nicht verlassen. Sie verändern sich (zum Glück) permanent, und dadurch auch ihre Wahrnehmung. Für Marken bedeutet das, im Auftritt immer wieder anders zu sein, um immer wieder gleich zu sein, um als gleich wahrgenommen zu werden. Denn wo erhalten Marken Gestalt, werden sie überhaupt nur lebendig, wenn nicht ausschließlich in der Reflexion der Menschen?

Die Marke ist Reputation eines Unternehmens, ist der gute Ruf, der voraneilt, Brücken baut und Türen öffnet. Ist er einmal aufgebaut, wird er bis aufs Messer verteidigt und ist doch zugleich verletzlich-vergänglich. Es sei denn ... und hier kommt die gute Nachricht: das visuelle Erscheinungsbild, hierzulande auch Corporate Design genannt, macht die Marke sichtbar, erlebbar, definierbar, kontrollierbar.

Corporate Design wird hier verstanden als eine visuelle Grammatik, mit Syntax, Semantik und gelernten Codes. Die Regeln der Grammatik basieren auf der (Unternehmens-)Philosophie, aus der sich alles andere spielerisch entwickeln kann. Sie geben den Weg vor, definieren das Ziel, vermitteln Sicherheit im Handeln, ohne einzuschränken. Corporate Design ist das entscheidende Instrument, mit dem Kommunikation arbeitet. Corporate Design kommuniziert den Markenkern, den Markenwert und ist damit ein wesentlicher Teil von Branding.

Branding stellte sich dann auch als Aufgabe für Tenovis, einem neuen alten Unternehmen der Telekommunikationsbranche. Gerade war Tenovis wie Phoenix aus der Asche, aus dem Geschäftsbereich Private Netze der Bosch Telecom hervorgegangen. Der Verkauf an ein amerikanisches Investmentunternehmen brachte Venture Capital und einen neuen Motivationsschub. Binnen 14 Tagen wollte sich Tenovis mit einem neuen Erscheinungsbild auf der CeBIT 2000 präsentieren. Sämtliche 8 000 Mitarbeiter des Unternehmens und mehr als 200.000 Kunden europaweit sollten schnellstmöglich eine klare Orientierung erhalten, wer Tenovis ist und wofür das Unternehmen steht.

\>\>

>> 14 Tage sind ein extrem kurzer Zeitrahmen für eine umfassende Aufgabe wie diese. Lange Abstimmungswege oder auch Kompetenzprobleme innerhalb des auftraggebenden Unternehmens bedingen zumeist eine Entwicklungszeit von Monaten bis hin zu einem Jahr oder sogar länger. Hier hingegen musste alles sehr schnell gehen. Eine Nacht-und-Nebel-Aktion wurde es jedoch nicht, dank klarer strategischer Vorstellungen, großer Entscheidungsfreude des Kunden und einer konsequenten Umsetzung durch alle beteiligten Partner und Mitarbeiter.

Als betreuende Agentur nahm Winderlich, Hamburg, den Wettlauf gegen die Zeit auf. 1983 wurde sie als Verpackungsdesign-Agentur gegründet. Heute ist sie als Enterprise IG Spezialist für Corporate Branding, Product Branding und Strategic Communications Consultancy. Enterprise IG gehört zur WPP Group PLC., der größten Marketing- und Kommunikationsgruppe weltweit.

Enterprise IG prägt den Begriff des Brand Alignment^{SM} und meint damit den Entwicklungsprozess, der den Wert einer Marke, das intendierte Markenversprechen sowie sämtliche wahrnehmbaren Unternehmensbereiche umfasst: Von der Strategie über die Kommunikation bis hin zum „Corporate Behaviour", das sich in den Menschen, Produkten, Services und der sogenannten Unternehmenskultur ausdrückt.

Doch zurück zu Tenovis: Speed und Spirit waren also gefragt. Es ging hier um ein Unternehmen, das Widersprüchliches in sich vereint und dadurch umso klarer und spannender war: Ein etablierter Anbieter klassischer Telekommunikationslösungen und Hardware positioniert sich in einem neuen Geschäftsfeld als hochtechnologisches Softwarehaus. Ausgestattet mit einem Vertrauen schaffenden Hintergrund (siehe „guter Ruf") durch eine Telenorma- und Bosch-Vergangenheit. Also ein Vertreter der Old Economy par excellence – auf dem direkten Weg zur New Economy durch Venture Capital und einen visionären Businessplan. Ein Paradox: Tenovis präsentierte sich als erstes deutsches Start up mit 100-jähriger Tradition.

Die Aufgabe lautete: Entwicklung einer Markenpersönlichkeit. Unsere Antwort hieß: Corporate Branding für einen starken Markenauftritt, dem der Spagat gelingt zwischen einem Kompetenztransfer der „guten, alten Werte" und überzeugenden Zukunftsvisionen. Ein solcher Prozess durchläuft verschiedene Stufen wie Bestandsaufnahme und Konkurrenzbeobachtung, Definition des Markenversprechens, Lösungsvorschläge und dann die Umsetzung, die wiederum regelmäßig überprüft wird.

Im Falle Tenovis bedeutete es: Bestehende Gestaltungselemente wie Raute und Farbe wurden aufgenommen, adaptiert und in einen neuen und dennoch wiedererkennbaren Zusammenhang gestellt. Eine schmale, längliche Form, die auf klassischen Proportionen beruht, unterstreicht das Basisprinzip des Horizontalen. Sie erscheint jedoch nicht nur ästhetisch. Als markenprägende Basisproportion kann sie vielseitig eingesetzt werden. Sie erlaubt eine größtmögliche Freiheit der kreativen Entfaltung und damit eine spürbare Effizienz in der Umsetzung.

Die Konkurrenzbeobachtung hatte uns gelehrt: Im TK-Segment wird visuell gepowert. Die Unternehmensmarke Tenovis konnte daher nur in Versalien stehen: Groß, selbstbewusst, Aufbruchstimmung >>

demonstrierend. Die Farben Stahlgrau und Rotorange sind dabei elegant, modern, technisch und freundlich zugleich.

Unser Anspruch hieß, Identität glaubwürdig zu verkörpern – nach innen und nach außen. Ein visuelles Identifikationssystem schaffen, das den Markenwert ausdrückt. Neben Sprachregelungen, Markenarchitektur, Mitarbeiteransprache und vielem mehr ein wesentlicher Bestandteil des Corporate Branding.

Branding in unserem Sinne ist dual. Es besteht immer aus zwei Komponenten, der physisch erlebbaren Marke und der abstrakten Idee von ihr. „Physical and perceptual" sind die beiden Pole, mit denen wir in der Entwicklung von Brands arbeiten. Physical Branding ist der Eindruck des Namens, des Logos, der Typo, des Farbschemas, es sind die sichtbaren Spuren, die eine Marke hinterlässt. Perceptual Branding steht zwischen den Zeilen, meint die Summe der emotionalen Wahrnehmung einer Marke. Perceptual Branding ist die Semiotik und Semantik des Regelwerks.

Also: Ein Regelwerk musste her. Wir lieferten eine flexible Basisgrammatik für alle. Zum Weiterentwickeln und dennoch Wiedererkennen. Es wurden Tools angeboten, mit denen das Leben und Arbeiten leichter wird, denn nur dann werden sie von den Menschen auch genutzt. Das schafft Sicherheit, gemeinsam in die gleiche Richtung zu gehen. Es erlaubt verantwortliches Handeln, ohne Energien falsch einzusetzen. Und es schafft erst die Voraussetzung, kreativ zu sein.

Die Design-Guidelines des Corporate Design setzen gestalterische Parameter, wie ein visueller Markenbaukasten, in Form von Basiselementen, Grundregeln und Anwendungsbeispielen. Durch die Entwicklung und Wahrung des visuellen Erscheinungsbildes und die durchgängige Gestaltung aller Kommunikationsmedien wird gewährleistet, dass die Marke Tenovis glaubwürdig und überzeugend kommuniziert wird. Wir sprechen von einem dynamischem Prozess, der durch ständigen Ausbau und Adaption die Marke weiterentwickelt.

Menschen lieben nicht nur Dinge, die bequem sind. Mitarbeiter beispielsweise schätzen einen verantwortungsvollen Arbeitsplatz und ein sinnvolles Regelwerk, das ihnen größtmögliche Freiheit und Verantwortung verschafft. Sie nehmen innen wahr und tragen ihre Idee davon nach außen. Wir wünschen sie uns als Ambassador ihrer Marke.

Nicht zu vergessen: Ohne Menschen findet eine Marke nicht statt. Sie sind es daher, für die und mit denen wir gemeinsam Brands entwickeln. Zur Wertschöpfung der nichtmateriellen Vermögenswerte eines Unternehmens und mit dem erklärten Ziel, wirtschaftlichen Erfolg zu generieren.

>> Branding needs People <<

>> People like things which make their living comfortable: food, drinks, a home, warmth, shelter. In brief, things they can enjoy and experience physically.

Having the choice, they will settle on things they regard as positive and esteem. Things which serve a certain purpose, promise an additional advantage or even a meaning to life. They will choose the brand that emits confidence because of its reputation or its exclusiveness.

Unfortunately, you cannot rely on human beings – in the sense of communication theory, that is. They change continuously and, as a result, their perception does, too. This is why brands have to change permanently in appearance in order to be (or to be recognized) as still being the same. Where do brands take shape and get alive if not exclusively in people's reflection?

Corporate design helps brands to become perceivable, livable, definable and controllable. We understand corporate design as a visual grammar, with syntax, codes and learnt rules. The grammar's rules base on the company's philosophy from which all can be derived playfully. They lead the way, define the aim and give security in acting without restricting. Corporate Design in the decisive instrument in communication's work. Corporate Design communicates the kernel and the value of a brand and is thus an essential part of branding.

Branding as we understand it is dual. It always consists of two components – the physically experienced brand and its abstract idea. „Physical and perceptual" are the two poles we work with in developing brands. Physical branding is the impression you get by the name, the logo, type and coloring, they are the visible tracks left by a brand. Perceptual branding stands between the lines, means the emotional perception's sum of a brand. Perceptual branding is semiotics and semantics of the rules.

People do not only love things which give comfort. Employees for instance esteem a work where they can take responsibility and a setting of rules that makes sense. A work that enables the most possible freedom and responsability. They perceive it internally and carry the idea of it to the outside. We would like to see them as ambassadors of their brand.

Don't forget: Branding needs people. That is why it's them we develop brands with and for. For economic success's sake. <<

Prof. Peter von Kornatzki. Visueller Gestalter | **Fachhochschule Darmstadt**

Schriftsetzerlehre in Stuttgart | **1963–1967** Studium an der Hochschule für Gestaltung Ulm (Visuelle Kommunikation) | **ab 1967** Konzeption und Redaktion von „Format", Zeitschrift für verbale + visuelle Kommunikation | **1972** Gründung des Büros für Kommunikationsplanung; Publikationen zu allen Themen der Gestaltung | **seit 1974** Professor für Kommunikations-Design im Fachbereich Gestaltung der FH Darmstadt, Schwerpunkt: Corporate Design und Informationsgrafik

›› Nieder mit dem Corporate Design! ‹‹

Es lebe das Corporate Dessin!

>> Mit Penetranz und Chuzpe gewinnt Beliebigkeit endlich auch im Visuellen an Durchschlagskraft.

Corporate Design, haben wir lange genug gebetet, ordnet die Welt der Unternehmungen, verdichtet ihre typischen Erscheinungsformen und macht so ihre Eigenart erst begreifbar. Was aber nun, wenn Ordnungen zerfließen, Welten in Events verschwinden, Typik in globaler Massenkonfektion ersäuft? Und wenn der Wille zum Begreifen eine aussterbende Übung wird? Dann hilft nur, die Zeichen der Zeit fröhlich zu deuten. Und Gestaltung endlich auf das zu reduzieren, was die meisten sich von ihr immer schon erträumten: Das schmucke Ornament, die abgefahrene Fingerübung, das irgendwie schöne Dolle!

Niemand ist hier, aber jeder voll da. Alle sind überall. Zumindest per Handy oder E-Mail erreichbar. Nichts bleibt wie es ist und sein soll. Schon ein Mausklick verändert mit der Gestalt auch den Gehalt der Dinge. Sinn ist kein fester Begriff, sondern erschließt sich erst im Gebrauch. Und im Jargon des „Irgendwie" mutiert Prinzipienlosigkeit zum Prinzip. Das einzig Bestimmte ist das Unbestimmte. Durch den Verlust verbindlicher Werte gewinnen wir eine neue Selbstgewissheit: Wir gehören dazu, aber wir wissen nicht, wer wir sind; erst der Blick auf die Bahncard, überspitzt Florian Illies in seinem Essay „Der Tramper", gibt uns wieder Sicherheit.

„Im kommenden Zeitalter treten Netzwerke an die Stelle der Märkte", prophezeit der amerikanische Unternehmensberater und Kulturkritiker Jeremy Rifkin. „Aus dem Streben nach Eigentum wird Streben nach Zugang, nach Zugriff auf das, was diese Netzwerke zu bieten haben ... Maßgeschneiderte Produktion, permanente Innovation und kontinuierliche Verbesserung sowie immer kürzere Lebenszyklen von Produkten: In dieser Welt hat nichts Bestand. In einer Ökonomie, deren einzige Konstante der Wandel ist, macht es wenig Sinn, bleibende Werte anzuhäufen."

Vor diesem Hintergrund ist es höchste Zeit, Funktion und gesellschaftliche Rolle des Corporate Design radikal zu überdenken. Denn erstens hat dieser generalistische Gestaltungsansatz, auf Dauer und Verzicht angelegt, dem Spezialistendenken und der Selbstverliebtheit grafischer Artisten seit jeher widersprochen. Zweitens ist Corporate Design bis heute ein ungeliebtes Stiefkind des Marktes geblieben, das zwar – wenn überhaupt – ekstatisch gezeugt, dann aber schnell abgeschoben wird und verkümmert. (Wo gibt's denn – außer bei Braun, ERCO oder Telecom und Konsorten – in bundesdeutscher Unternehmenslandschaft ein wirklich durchdachtes, flächendeckendes, konsequentes Gestaltungsprogramm? Ein Design-Konzept also, das Produkt und Produktion, Service und Kommunikation, Gewinnmaximierung und Kultur gleichermaßen verklammert?) Und drittens schließlich ist Corporate Design – im Wortsinn: Unternehmens-Gestaltung – kaum je auf Vorstands- oder Geschäftsführerebene angesiedelt, sondern beim Management, wo Entscheidungsangst, Meetingsucht und Karrierefluktuation herrschen. Risikofreudige weil weitblickende Unternehmer sind ausgestorben; an ihre Stelle traten testfreudige Sicherheitsbeamte, die CD-Planer als „Dienstleister" schurigeln.

Corporate Design war ja immer ein sinnstiftendes Unterfangen. Es sollte die Identity eines Unternehmens, einer Institution oder einer Stadt dingfest machen und befördern. In dem für gewachsene Werte, Haltungen, Produktwelten und Zielsetzungen unverwechselbare visuelle Merkmale formuliert werden. Die dann mit eiserner Konsequenz und langem Atem zu penetrieren waren. Ein in den meisten Fällen von Anfang an zum Scheitern verurteiltes Verfahren! Weil es entweder keine Identity gab, die dingfest zu ma- >>

chen sich lohnte. Oder weil keine Einigkeit über zentrale, verbindliche Werte, Haltungen und Ziele erzielt werden konnte, die als konkrete Aussagen ein CD-Konzept begründen. Weil Vorstände und Grafiker mit gewachsener Identität nichts anzufangen wussten und stattdessen ihre Ratlosigkeit auf den Punkt brachten (Beiersdorf) oder ins Quadrat erhoben (Hoechst). Und natürlich, weil immer schon, besonders aber im Zuge des gesellschaftlichen Wertewandels (siehe oben), Beliebigkeit und Kurzatmigkeit – deklariert als „Flexibilität" und „Nutzerfreundlichkeit" – die Macherköpfe bestimmte.

Als besonders raffinierte Totengräber erwiesen sich aber die CD-Designer selbst. Schon ganz früh, als sie merkten, dass ihnen ein Unternehmen die begehrte, auf Jahre programmierte Implantation eines Gestaltungskonzeptes entzog und sie ihr Wissen gebündelt der hauseigenen Werbeabteilung übergeben sollten, kam ihnen eine famose Idee. Sie erfanden das CD-Manual. Und entwickelten es zum dickleibigen, besserwisserischen Handbuch, das niemand in die Hand nehmen wollte. Die Geschäftsführung nicht, weil Klappfolder und Dezimalcodierung selbst motivierte Sympathisanten verschreckte. Und erst recht die Hausgrafiker nicht, weil ihnen das totalitäre Reglement den Atem nahm. Halbherzig verteilt, abgelegt und nur gelegentlich zum Abgleichen der Hausfarbe hervorgekramt, erheiterten solche Manuals nur hin und wieder Art-Direktoren, die ihre Kampagnenkonzepte visuell darauf gründen sollten.

Dann, in der zweiten Phase der CD-Euphorie, fassten Designer wieder Tritt und bekamen ihre Gestaltungsprogramme erneut in den Griff. Indem sie Abschied nahmen von der nordamerikanischen Brandeisen-Ideologie: Markenstempel ins Feuer und irgendwie rauf auf die Hinterteile der Rinder. Die Zeit der mechanischen Implantation von Logo, Farbe und Typo wurde für beendet erklärt. Ab sofort hieß es: Konzeptionelle Konstanten, visuelle Variablen! Das Firmenlogo wurde zum veränderbaren, anpassungsfähigen Programmzeichen; aus der Hausfarbe entstanden Farbreihen, innerhalb derer man sich frei bedienen durfte; neben Schriftfamilien gab es plötzlich alternative Schriftarten; und die sturen Spaltenraster mutierten zu feinnervigen Strukturen, mit denen sich in den Layouts endlich das geordnete Chaos erzeugen ließ. Nur versierte Kopf- und Handwerker vermochten mit diesem komplexen Werkzeug umzugehen. Womit das Gestalten solchen Corporate Designs erneut und mit Nachdruck an Gestalter zurückdelegiert wurde – dachten die Gestalter! Irrtum. Die Auftraggeber, die weder von Kommunikation noch von visuellem Profil allzu viel hielten, waren nun doppelt überfordert und mochten das sehr viel teurere Spiel mit „visuellen Programmen" auf Dauer erst recht nicht finanzieren.

Jetzt, nun endlich – der Corporate Design Preis bringt es an den Tag – ein Lichtblick in dieser Sackgasse! Nach dem beiläufigen und dem mechanischen naht nun auch das Ende des konzeptionellen Corporate Design. Die Branding-Experten nehmen das Heft in die Hand; jedermann und jedefrau – eh' an den Rechnern heimisch – darf phantasievoll wieder tun und lassen, was Bauch, Trends, Annuals und Manager vorgeben. Logos? Quatsch, alles ist Zeichen, wenn man's nur richtig platziert! Hausfarbe? Mumpitz, wir fahren Rot, wenn die Konkurrenz Gelb fährt! (Energie ist doch rot, oder?) Typografie? Blödsinn, gelesen wird doch eh' kaum noch, also machen wir den Text zum Bild und den Prospekt zum Event! Alleinstellung? Unverwechselbarkeit? Plausibilität? Schnee von gestern! Nur wer mitschwimmt ist dabei; nur wer dabei ist, wird wahrgenommen; nur wer wahrgenommen wird, ist als Mitschwimmer erkannt.

>> Heute sind Individualität wie Identität globale Massenereignisse, ständig im Fluss und nur erkennbar durch Massensymbole – wie Handy, Rucksack, Miniroller oder schwarzem Outfit. Diese Zeichen wechseln mit der Zeit, nur wer die Zeit also lebt, atmet, zu der seinen macht, bewegt sich auch im Wandel der Zeichenwelten. Ihre Muster zu erfassen, ihre Formen für den Moment zu konservieren, ihren vergänglichen Charme auf ein Produkt, eine Dienstleistung zu projizieren – das ist, wovon Designer träumen sollten – zeitgemäße Gestaltung. Nieder also mit dem kopflastigen Corporate Design! Es lebe das Corporate Dessin! <<

>> CD-designers as gravediggers <<

>> Corporate design was meant to make sense. It was meant to make hold of and promote an identity – be it of an enterprise, an institution or a city. With defined unmistakable visual elements delivering traditional values, attitudes, product worlds and aims, that had to be put to reality with unquivering consequence and long breath.

Unfortunately, this mostly did not work. Be it because there was no identity that was worth making hold of. Or because it was not possible to agree on basic compulsory values, attitudes and aims. Or because the executive board or graphic designers did not know what to make of grown identity and brought their helplessness up to a point instead.

The most excellent gravediggers though proved to be the graphic designers themselves. When noticing that the companies started to transfer the longed for, long-running implantation of creative concepts to their marketing departments, they invented the CD-manual. They developed it to become a voluminous, know-all guide that nobody wanted to take to.

In the second stage of CD-euphory, CD-designers got the knack of their creative concepts back. They said good-bye to the north-american ideology of branding: put the iron into the fire and get it on to the cows' hinds somehow. They declared an end to time at which logo, color and type had been implantated mechanically. The new slogan was: conceptual consistency, visual variety. The logo changed to varying program-signs, the house color was replaced by rows of colors, type families were found with complementary alternate styles. Clients estimating neither communication nor visual profile up to then now felt double overstrained and restricted from financing this much more expersive game of „visual programs" in the long run.

Now finally there comes light to the dark. We now face – after having survived incidental and mechanical design – the end of conceptional design. Phantasy- and belly-design, exercised by everybody is what we got. Type transforms to picture, brochures to an event. Why be unique, unmistakable or make sense? Good-bye design – we come dessin! <<

Die Lithografin:
Jutta Croll
Dierichs PrePress
Kassel

Der Bogendrucker:
Klaus Neetzow
Druckerei Grütter
Hannover

Der Multimediaspezialist:
Sebastian Brauss
CKS digital World
Hamburg

Die Dialogmarketing-Spezialistin:
Stefanie Mundt
Publicis Dialog
Hamburg

Der Marketingmanager:
Dickjan Poppema
TUI Deutschland
Hannover

Der Leuchtdisplay-Hersteller:
Diethelm Bindzettel
Leverkusen

Der Grafiker:
Jörg Lorenz
Robeck Werbeagentur
Hannover

Der Fahnenmacher:
Andreas Fleck
FahnenFleck
Hamburg

Der Siebdrucker:
Rolf Kürten
Kürten & Lechner
Bergisch Gladbach

Der Displayhersteller:
Georg Staub
Efka-Druck
Trossingen

Die Junior-Artdirektorin:
Jutta Grenzmann
Menzel Nolte Werbeagentur
Hamburg

Der Rollenoffset-Drucker:
Peter Bosse
Neef + Stumme
Wittingen

Bei TUI sprechen alle Ha-Ka-Es.

Wie Aphrodite aus dem Meer, so tauchten vor rund 30 Jahren drei neue Buchstaben am Himmel der Reiseveranstalter auf: in einem leuchtenden Rot, so traumhaft schön wie die Sonnenuntergänge in fernen Ländern. Und mit einer strahlenden Sonne als Symbol für die Reiselust der Deutschen. Das TUI-Zeichen war geboren. Und mit HKS 14 erhielt das Logo genau jene Farbe, die TUI heute so unverwechselbar macht.

HKS 14

HKS 14 – dank diesen drei Buchstaben und den beiden Ziffern wissen weltweit die Grafiker, Desktopper, Lithografen, Drucker und Maler, was unter dem TUI-Rot zu verstehen ist. Das HKS Farbsystem bietet allen Beteiligten die Sicherheit für Farb-Identität auf beinahe allen Materialien. Damit sind die Diskussionen über Farbabweichungen ein für alle Mal vom Tisch.

Das Erfolgsgeheimnis von HKS ist einzigartig. Sowohl die HKS Farbfächer als auch die digitalen Farbleisten werden nach K, N, E und Z unterschieden – also nach Kunstdruck-, Natur-, Endlos- und Zeitungspapier. Kein anderes Farbsystem auf der Welt passt jede Farbe dem jeweiligen Bedruckstoff an. Deshalb ist HKS die sichere Nummer für Farb-Identität – in der Werbung, der Grafik und für Corporate-Design-Programme.

Druckfarben:
- **Hostmann-Steinberg GmbH** Druckfarben
- K + E Druckfarben von **BASF Drucksysteme GmbH**

Lizenznehmer:
- Adobe
- Ascent
- Barco
- BASF Coating AG (Glasurit)
- Akzo Nobel Deco GmbH
- Canon
- CHT, R. Beitlich
- CoDesCo
- CPS Krohn
- Dalim
- Heidelberger Druckmaschinen AG
- Mai 3 B2
- Marabu
- MarkStein
- OneVision
- Orafol Klebetechnik GmbH
- TC TextCenter
- Viptronic

Immer mehr Unternehmen aus dem grafischer Gewerbe setzen auf HKS und integrieren das Farbsystem in ihren Produkten. Und so wird es noch einfacher, mit HKS zu arbeiten. Falls Sie ebenfalls die sichere Sprache für Farb-Identität nutzen möchten, empfehlen wir Ihnen, die Farbfächer oder das DTP-Paket von HKS zu bestellen (Fax 0711/98 767-11) oder sich an den Fachhandel zu wenden.

www.hks-colours.com

Die sichere Nummer für Farb-Identität.

® Marke des HKS Warenzeichenverband e.V. der Firmen: **Hostmann-Steinberg GmbH**, Druckfarben, D-29202 Celle, Tel. (05141) 591-258, Fax (0514) 591-327. **BASF Drucksysteme GmbH**, D-70466 Stuttgart, mit Druckfarben K + E, Tel. (0711) 9816-608, Fax (0711) 9816-222. **H. Schmincke & Co. GmbH & Co. KG**, Künstlerfarben, D-40682 Erkrath, Tel. (0211) 2509-0, Fax (0211) 2509-461.

Siegfried Kübler. Präsident | **HKS Warenzeichenverband e.V., Stuttgart**

>> Corporate Design in der Umsetzung <<

Ein Praxisbeispiel

\>\> Wer mit der Erstellung eines neuen Corporate Designs beauftragt ist, sollte sich zunächst vor Augen halten, dass eine erfolgreiche Entwicklung und Umsetzung die Berücksichtigung verschiedener, zum Teil sehr unterschiedlicher Gesichtspunkte erfordert. Nur so ist es möglich, die Stimmigkeit im Gesamten zu erhalten, die eine gute CD-Arbeit auszeichnet.

Elemente, die dabei beachtet werden müssen, sind beispielsweise Idee, Logo, Schrifttype, Typografie, Gestaltung, Farbe, Papier sowie das Material, auf dem die Umsetzung erfolgt. Diese Elemente stehen bei der Umsetzung gleichwertig nebeneinander.

Oft werden jedoch nicht alle oder nicht die letztlich entscheidenden Elemente beachtet. Dies kann dazu führen, dass Nacharbeiten erforderlich werden, die nicht nur teures Geld kosten, sondern auch noch nachhaltige Veränderungen des Auftrittes insgesamt nach sich ziehen.

Lassen Sie mich die Relevanz des Themas am Beispiel eines Corporate Design Manuals erläutern, das eine Weltfirma herausgegeben hat.

Die nachfolgenden Ausführungen konzentrieren sich auf den Bereich Farbe und Papier. Die aufgezeigten Fehler entstanden, da das Zusammenspiel zwischen beiden Komponenten nicht ausreichend beachtet wurde.

Das vorgenannte „Corporate Design Basis Manual" beschreibt ganz exakt das Logo und zeichnet Negativbeispiele auf. Es erläutert die Typografie, stellt die Gestaltungselemente dar und gibt die Hausschrift vor.

Auf die Farben legte man besonderen Wert. Sie werden auch klar definiert, da sie bestimmte Erlebnisse wiedergeben sollen.

Das Papier, auf dem die Umsetzung erfolgen soll, findet jedoch keine Erwähnung. Papier aber ist ein wesentlicher Bestandteil der Farbwiedergabe.

Damit ist bereits das erste Problem vorprogrammiert: Die Papiere von heute weisen Unterschiede im Weißegrad auf, die eine Farbe nicht überwinden kann. Ebenfalls verhalten sich Farben in der Zeitachse auf unterschiedlichen Papieren stark differenziert.

Wir haben einige Papiere gemessen (die Messung erfolgte mit dem Spektral Photometer SPM 100 D 50/2°). Dabei konnte festgestellt werden, dass innerhalb von sechs Wochen eine Abweichung von DE (DE 94 = Differenz zwischen zwei Farben) 7.90 auftreten kann. Dies aber bedeutet: Wir haben nur noch eine angenäherte Farbe!

Gehen wir nun zu den Farben im Einzelnen. Das genannte Basis Manual liefert auch diesbezüglich wieder exakte Beschreibungen für die Wiedergabe: In der Europaskala (also 4c-Umsetzung), den verschiedenen Farbfächern wie HKS, Pantone oder RAL, den Multimedia-Werten und den TV-Werten. Hier könnte man glauben, dies sei eine saubere Zusammenfassung, um die bestmöglichen Angleichungen zu erhalten.

Gehen wir jedoch die Farbfächer an. (Es kommt dabei nicht auf die einzelne Farbe an, sondern nur auf die Differenzen der genannten Farbtöne zueinander.)

Die Differenzen werden in folgenden Werten dargestellt (siehe Tab. 1):

Wir nehmen einfach den Farbton A als Basis und bewerten die anderen Farben, die die Firma vorgibt, dagegen. Dabei ist unerheblich, welcher Farbton genommen wird, da die Abweichungen gleich bleiben (siehe Tab. 2).

\>\>

›› Wie die vorgenannten Messergebnisse belegen, gibt das Manual selbst so große Unterschiede vor, dass die damit angelegten Farbwirkungen zu verschieden sind, um noch von einem einheitlichen Farbton sprechen zu können.

Nehmen wir nun noch das Papier dazu, werden die Differenzen noch größer. (Bei den Pantone-Werten wurde übrigens nicht angegeben, ob es der Farbton C [coated paper] oder U [uncoated paper] sein soll.)

Vergleichen wir nun diese Pantone-Farben zueinander, ergeben sich erneute Verschiebungen. Damit aber ergeben sich auch hier andere Farborte (siehe Tab. 3).

Dies aber bedeutet: Durch die aufgezeigten Unterschiede sind spätere Reklamationen in der praktischen Umsetzung vorprogrammiert. Es handelt sich schlichtweg um zwei verschiedene Farbtöne – und der Drucker weiß beim besten Willen nicht, was er drucken soll. Genau dies sollte aber das Manual leisten.

Probleme der aufgezeigten Art lassen sich vermeiden, wenn man im Vorfeld einen neutralen Berater (z.B. eine Farbenfabrik) einschaltet. Dieser kann die in der Beschreibung angelegten Fehler erkennen und gemeinsam mit den Verantwortlichen im Vorfeld lösen. (Die Echtheit der Druckfarben wurde übrigens auch nicht vorgeschrieben.)

Leider treten die durch Messung ermittelten Ungenauigkeiten auch bei den im Manual vorgegebenen RGB-, CMYK- und TV-Werten auf. Dies hätte durch die Vorgabe von so genannten Farb-Profilen vermieden werden können. So aber ist auch hier eine exakte Umsetzung – infolge der bei allen Messgeräten auftretenden Abweichungen – nicht möglich.

Wir sehen: Wer bei der Entwicklung eines Corporate Designs in die Details „einsteigt", muss erheblich differenzierter vorgehen, um zu einer stimmenden Einheit zu gelangen. ‹‹

Tab. 1	
L* =	Lightness oder Helligkeit
a* =	Rot – Grünachse
b* =	Gelb – Blauachse
H =	Farbtonwinkel
C =	Chroma oder Sättigung
DE 94 =	Differenz zweier Farben (bis DE 2.0 noch akzeptabel)

Tab. 2						
Farbton	L*	a*	b*	H	C	DE 94
A (Basis)	65,72	58,14	91,93	57,69	108,77	
B	60,96	50,57	63,93	51,60	81,51	7,59
C	62,07	51,64	65,69	51,83	83,56	6,53

Tab. 3						
Farbton	L*	a*	b*	H	C	DE 94
C	32,18	4,32	- 66,26	273,73	66,40	
U	37,40	4,81	- 47,63	275,76	47,87	7,93

>> Corporate Design in transaction <<

>> The successful development and realization of corporate design makes it necessary to take several different aspects into account. Only this will ensure the harmony that is obligatory to excellent work.

Elements that have to be taken into account are not only concept, type, design and color, but also the material on which the work is to be realized. These elements are equal in their value.

Unfortunately, not all or at least not the most decisive elements are always taken into recognition. This usually does not only lead to costly „after-treatment" but might eventually even cause a change for the appearance in general.

Let me point out the relevance ot this topic by discussing a corporate design manual edited by a global player.

This manual gives exact indications as to logo, the „don'ts", the typo and the allowed creative elements. Colors, too, are clearly defined. The paper on which the realization is to take place, however, is not mentioned at all. Paper though plays an essential role in color reproduction.

Nowadays' Papers show differences in regard to whiteness that color cannot possibly overcome. Additionally, paper and therefore colors change in the turn of time.

In regard to color, the manual gives exact definitions in regard to ymck colors and their pantone and HKS equivalencies. But: mesurements on the basis of color charts show completely different chromaticity values which make it impossible to speak of the same colors. If we add the above-mentioned differences in regard to paper, the differences in chromaticity values even increase.

This means that the printer will most possibly have to face complaints – although it was what the manual's intention to avoid them.

Problems like this can be avoided by consulting an expert in color – working for a printing ink fabrication for instance – beforehand. Let's talk! <<

… Die Jury 2000 ‹‹

Corporate Design Preis 2000

Jury 2000

Deutschland.

Dr. Dieter Heinrich. Inhaber Heinrich CI, Düsseldorf
Prof. Peter von Kornatzki. Professor Fachhochschule Darmstadt, Fachbereich Gestaltung
Siegfried Kübler. HKS Vorsitzender BASF Drucksysteme GmbH, Stuttgart

Österreich.

Mag. Friedrich Eisenmenger. Inhaber Eisenmenger, Graphic Design & Identity Design, Wien
Mag. Manfred Pretting. Direktor Werbe Akademie Wien

Schweiz.

Urs Fanger. Leiter Departement Design, Medien und Kunst Hochschule für Gestaltung und Kunst, Zürich
Edwin Schmidheiny. Creative Director Interbrand Zintzmeyer & Lux, Zürich

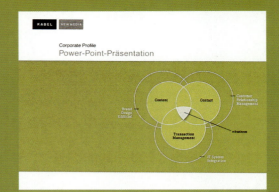
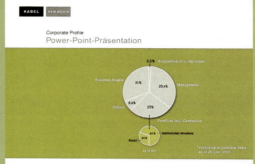
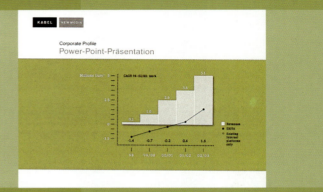
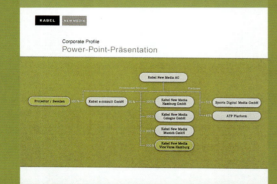

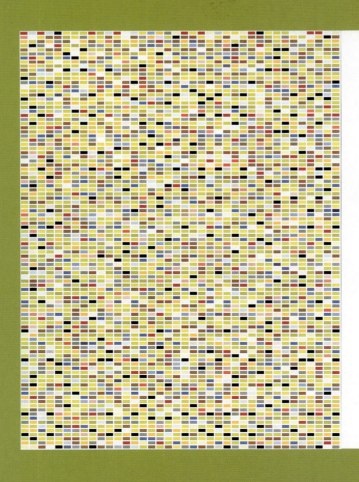

Gold für spektakuläre Einfachheit: Die Internet-Agentur „Kabel New Media" will sich als modernes Full-Service-Unternehmen profilieren. Dabei soll deutlich werden, dass sich die Firma im etablierten Internet-Business bewegt, das nicht als Trend-Branche missverstanden werden soll. Das CD-Konzept baut im Wesentlichen auf einer offenen Farbstruktur und einer gut strukturierten Typografie auf. Bei diesem bestechend einfachen Design-Programm werden unwillkürlich Assoziationen zur Concept-Art wach. Diese aus der Minimal-Art hervorgegangene Kunstrichtung stellt die „Idee" als rein geistige Konzeption in den Mittelpunkt. Formen, Farben, Strukturen und Texturen erhalten erst durch gedanklich assoziative Prozesse in der Vorstellung des Betrachters ihre Bedeutung. Die harmonische Kombination minimaler Farbtöne und nuancierter Helligkeitsgrade beschreibt das Assoziationsfeld für virtuelle Datenstrukturen und damit die visuelle Realität des Internet auf originelle, überzeugende Weise. Die primäre Kennzeichnung des Unternehmens mittels Farbstrukturen ermöglicht eine schier unendliche Varietät von Ausdrucks- und Erscheinungsformen des CD – bei einer sehr prägnanten und konstanten Identifikation. | Urs Fanger

[d] ... Die Kabel New Media AG blickt auf ein außerordentlich erfolgreiches erstes Geschäftsjahr als börsennotierte Aktiengesellschaft zurück. Nach der Einführung am Neuen Markt im Juni 1999 konnten wir die geplante Expansion der Gesellschaft durch strategische Akquisitionen und Joint Ventures zielstrebig vorantreiben. Heute ist Kabel New Media ein starker E-Business-Enabler mit umfassendem Service-Angebot, ausgedehnter geographischer Präsenz und deutlich vertiefter Wertschöpfungskette.
Ganzheitliche Betreuung ist unsere Kernkompetenz: Was mit der Erstellung von Business-Modellen und Workflow-Organisation beginnt, setzt sich mit IT-Consulting und der Implementierung von IT-Systemen fort, beinhaltet Entwicklung und Pflege des Contents und wird vervollständigt durch effizientes Customer Relationship Management.

[e] ... Kabel New Media AG can look back on an extraordinarily successful first year as a stock exchange quoted company. After our flotation in the "new market" sector in June 1999 we energetically pursued our expansion plans with strategic takeovers and joint ventures. Today Kabel New Media is a strong e-business enabler offering a comprehensive range of services with a far-reaching geographical presence and a value creation chain of much greater depth.
Holistic service is our core speciality. What starts with the creation of business models and workflow organisation continues with IT consulting and the implementation of IT systems, includes content development and care and culminates in efficient customer relationship management.

Gold

Titel Einreichung **Corporate Design** Kabel New Media | **Auftraggeber** Kabel New Media AG |
Agentur Basiselemente Factor Design AG | **Agentur Dreidimensionale Anwendung** Factor Design AG

entworfen. Und völlig frei von jeglichem Schnickschnack, dem die Generation der Computergrafiker immer noch so gern verfällt. Imagination durch Standpunktveränderung, zu neuen Einsichten und Ansichten finden – das ist das zentrale Expo-Thema. Es wird in etwa 60 Ausstellungen am Lac de Neuchâtel, also im Schnittpunkt zweier Sprachregionen entwickelt. Und das ist die zweite Herausforderung für Grafiker und Typografen: visuelle Einheit in der Vielfalt, gestalterische Konsequenz bei extremer Differenzierung. Dass dies gelingt, zeigen schon die Eintrittskarten – jede ein Unikat! Sie sollte man sich leisten, um „visuelle Kommunikation" einmal in dieser Vernetzung zu erleben. | Manfred Pretting

Systemdarstellung der Bildwelt der Expo.02
Die Inszenierung der Bildwelt erfolgt über eine Initiierung mit Schlüsselbildern, die sich im Laufe der Zeit, einer vorgegebenen Choreografie folgend, verändern.

Silber für flexible visuelle „Vernetzung": Schon der Titel zeigt Flexibilität: "Expo.01" heißt das Konzept für die (um ein Jahr verschobene) Schweizer Landesausstellung „Expo.02". Dafür ist es als eine Art „Baukastensystem" so beweglich angelegt, dass diese gewaltige nationale Leistungsschau ruhig auch noch um weitere 2 – 3 Jahre versetzt werden könnte. Ein äußerst durchdachtes CD-Konzept, das bis ins Detail seinen modularen, also vielseitigen Charakter in einer Dokumentation demonstriert. Mit Schweizer Gründlichkeit und zugleich mit einem Höchstmaß an ästhetischer Offenheit im Geist des neuen Jahrtausends

Die Markierung der Routen

Das Ticket der Expo.02: 6 Millionen Unikate

Silber

Titel Einreichung Expo.01 Schweizerische Landesausstellung | **Auftraggeber** Schweizerische Eidgenossenschaft | **Brand Management, Konzeption u. Umsetzung** CI Programm, Zürich

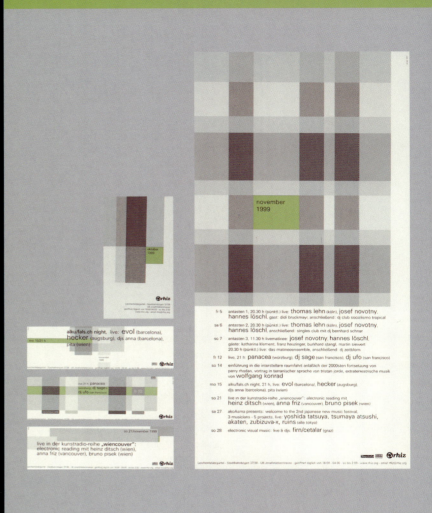

bietet ein höchst sensible Musik-Visualisierung. Was kommt nach Chaos-, Analog- und Techno-Design. Die Reduktion. Auf mit Anmut und Anschaulichkeit bestechende wird wieder sachlich und lesbar. In diesem Fall sogar zum verständlichen, spürbaren Klang. Der musikalische Raum des „Rhiz" – einem Szene-Lokal für elektronische Musik und Multimedia – überträgt sich sensibel auf die zweidimensionale, gedruckte Fläche. Raster, symmetrische Formen und asymmetrische visuelle Rhythmen sorgen im Gestaltungsraum für technischen Beat. Die Farbe, in differenzierten Tonwerten und Intensitäten, schafft den sphärischen, elektronischen Klang. Und beides bringt auch den Bezug zur visuellen Sprache der Lokal-Architektur, die ähnlich reduziert und materialbetont ist. Welch ein Genuss für den, der offene Augen und Ohren hat! | Dr. Dieter Heinrichs

Bronze

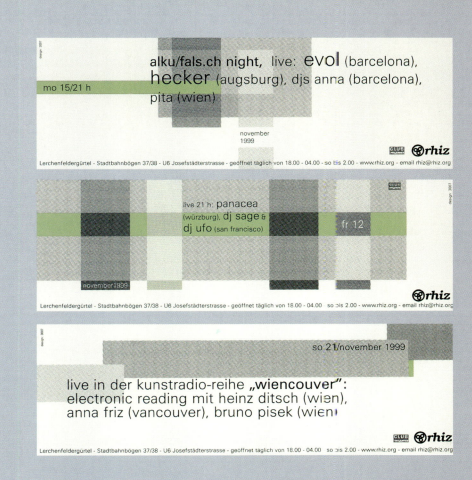
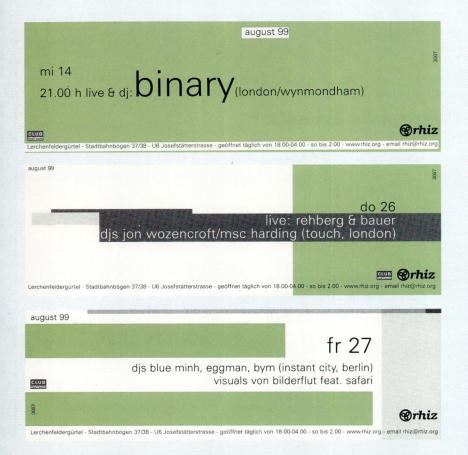

Titel Einreichung Rhiz–bar modern | **Auftraggeber** Rhiz–bar modern, Rantasa & Molin GmbH | **Agentur Basiselemente** 3007

Auszeichnung für Aktualisierung „traditioneller Kompetenz": Das neue Erscheinungsbild der traditionsreichen Handelsblatt-Gruppe überzeugt durch einfache, reduzierte Kennzeichnungselemente und klassische Gestaltung des modernen, übersichtlich gegliederten Layouts. Damit wird eine Medienvielfalt geschaffen, die den unterschiedlichsten Zielgruppen gerecht wird. Trotzdem vermittelt dieses facettenreiche CD-Konzept eine sehr hohe Wiedererkennung und damit einheitliche Wertaussagen. Die Reduktion auf einfache Gestaltungsmittel mit klar geregeltem Einsatz schafft den Eindruck eines „aktuellen" Verlags mit jugendlichem Geist und Selbstvertrauen, gegründet auf „traditioneller" Kompetenz. | Edwin Schmidheiny

Handelsblatt Veranstaltungen

! Max. 35 Teilnehmer pro Termin

Dokumentation von Asset-Backed-Securities.

Mit Praxisbeispielen von der Continental AG
und der Hermes Kreditsicherungs-AG

- Ökonomische Grundlagen der Finanzierungs- und Investitionsentscheidung
- Verschiedene Asset-Backed-Securities (ABS)-Strukturen
- Transaktionen aus Banken-, Unternehmens- und Versicherungssicht
- Steuerliche Beurteilung von ABS-Aktivitäten
- Anforderungen an die Dokumentation von ABS-Transaktionen nach deutschem, englischem und amerikanischem Recht

Unter Leitung von:
Dr. Claus Rainer Wagenknecht, Dresdner Kleinwort Benson, Frankfurt a. M.

Ihre Experten:
James Croke, Cadwalader Wickersham & Taft, London
Ralf Hillgner, Hermes Kreditversicherungs-AG, Hamburg
Georg Huber, HypoVereinsbank AG, München
Bernhard Kaiser, Bruckhaus Westrick Heller Löber, Frankfurt a. M.
Ulrich Kastner, Westdeutsche Landesbank Girozentrale, London
Thorsten Meyer, Continental AG, Hannover
Dirk Röthig, State Street Bank GmbH, München

Bitte wählen Sie Ihren Termin:
30. und 31. August 2000
Schloßhotel Kronberg, Kronberg im Taunus

24. und 25. Oktober 2000
Hotel Schreiberhof, München

Handelsblatt

Synergie von Tradition und Moderne.
Die Gestaltung der Zukunft.

Das neue Erscheinungsbild der Dachmarke Handelsblatt.

„Wir formen unsere Umgebung und unsere Umgebung formt uns."
Winston Churchill

Shortlist

hören und gewichten

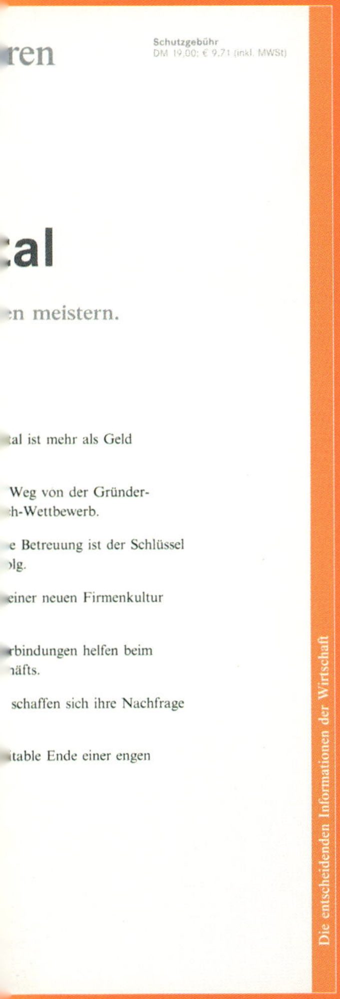

Unternehmen und Märkte

Heiße Schlachten.

Grenzenlos.

Report.

09 Yen

Titel Einreichung Verlagsgruppe Handelsblatt GmbH | Auftraggeber Verlagsgruppe Handelsblatt GmbH | Agentur Basiselemente Claus Koch Corporate Communications

Auszeichnung für die Arbeit zur: „gelungenen Einbindung von Medienvielfalt und Komplexität der Fusion dreier Banken in Baden-Württemberg." Herzstück des neuen Auftritts ist das elegante und einprägsame Logo. Es setzt sich aus den Abkürzungen LB (für Landesbank) und BW (für Baden-Württemberg) sowie einem verbindenden Element zusammen, das die Fusionspartner und die Geschäftsfelder repräsentiert. Die Markenfarben Graublau und Anthrazit sollen Freundlichkeit, Offenheit und Kompetenz ausstrahlen. Da Blau für Freundlichkeit und Grau für Eleganz steht, kann man sagen, dass dieses Vorhaben gelungen ist. Die Personen- und Landschaftsbilder vermitteln Sympathie. Das Einbinden der drei Banken in eine neue Bank mit neuem Auftritt hat sich als gelungene Strategie erwiesen. Die Arbeit besticht durch hohes Niveau und Konsistenz bei grosser Medienvielfalt. Die Gesamtentwicklung des Corporate Designs erfolgte durch Interbrand Zintzmeyer & Lux Zürich. Die Werbekampagne wurde von KNSK erarbeitet; für den Internetauftritt zeichnet I-Clue verantwortlich. | Siegfried Kübler

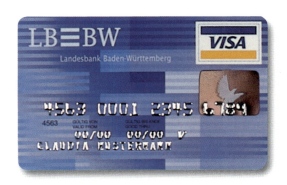

Shortlist

Titel Einreichung Corporate Design für die Landesbank Baden-Württemberg | **Auftraggeber** Landesbank Baden-Württemberg | **Agentur** Interbrand Zintzmeyer & Lux, Zürich

Auszeichnung für formale Reduktion pur: "Literatur" pur. Corporate Design als Literatur-Programm. Das Gespräch als Marke: "Gestatten, Literatur Moths, das liest man bei uns. Hier." In einem einzigen Typoprinzip, einem Farbton und drei Helligkeitsstufen. Basta. Jedes Blatt, selbst die Mahnung, bietet eine anlassgerechte Literaturprobe. Ein klassisches Thema frisch, modern und intelligent gelöst. Ohne autoritäres Symbol, das (Otl Aicher) den Benutzer als Untertan ausweist. | Mag. Friedrich Eisenmenger

Literatur Moths Flanieren ist eine Art Lektüre der Straße, wobei Menschengesichter, Auslagen, Schaufenster, Café-Terrassen, Bahnen, Autos, Bäume zu lauter gleichberechtigten Buchstaben werden, die zusammen Sätze und Seiten eines immer neuen Buches ergeben... **Rumfordstraße 48 D-80469 München**

Literatur Moths Auf königliches Gebot hin mußten die Schiffe, die Alexandria anliefen, alle ihre mitgeführten Bücher abliefern. Diese Bücher wurden abgeschrieben, dann ging die Abschrift in die Bibliothek und das Original zurück an den Eigentümer (manchmal behielt die Bibliothek das Original, und der Eigentümer mußte sich mit der Abschrift **Rumfordstraße 48 D-80469 München** begnügen).

Literatur Moths Jeder Mensch trägt ein hör´nachprüfen. Wenn einer schnell geherum still ist, so hört man zum Beispi nicht genug befestigten Wandspiegels.

Literatur Moths Ein wenig bekanntes *Ladys Almanach*, soll angeblich ein Porträt von Miss Barney in meine Buchhandlung profitiert zu haben. Sie sah überanstrengt ins Ohr: "Haben Sie sonst noch etwas über

Meisterwerk, das vermutlich von Djuna Barnes stammt, *The* von Miss Barney sein. Eine Dame, die mit einem Schreiben kam, schien wenig von ihren Besuchen in der Rue Jacob aus und zischte mir **Rumfordstraße 48 D-80469 München** *diese unglückseligen Geschöpfe?"*

Adelheid Riederer

T 089.291 613 26 F 089.291 615 52
eMail moths@li-mo.com
www.li-mo.com

Shortlist

Titel Einreichung Geschäftsausstattung für eine Literatur-Buchhandlung in München | **Auftraggeber** Regina Moths, Literatur Moths München | **Agentur Basiselemente** Xuyen Dam / Marc Ziegler

Auszeichnung für innovative Marken-Strategie: Ein unsichtbares Produkt sichtbar machen. Hier wurde das nicht nur innovativ, sondern auch virtuos gelöst. Die Idee ist simpel. Doch steckt ein gewaltiges Potenzial, ein fast grenzenloser kreativer „Spielraum" dahinter. Eine Meisterleistung, mit dieser visuellen Denk- und Gestaltungsarbeit im Zielgruppenbereich „Deutschland" ein kommunizierbares Synonym für „Strom" zu schaffen. Endlich die gekonnte Vermählung von Werbeargumentation und CD-Programm, mit spielerischem Witz vermittelt. Kurios auch die intellektuelle Falle, in die man tappt: Einfach nicht zu fassen, dass gegen das digitale Denken von Marktforschern und Marketingexperten in so kurzer Zeit eine höchst erfolgreiche Marke in (scheinbar) einfachster Strickweise platziert werden konnte. Die Bestätigung bringt das Buch „Also ich glaube, Strom ist gelb" – ein Muss für alle, die nicht glauben, aber sich ernsthaft mit CI beschäftigen! | Mag. Manfred Pretting

Shortlist

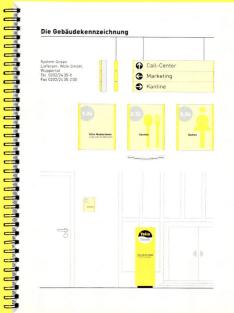

Titel Einreichung Grundlagen des Markenauftritts | **Auftraggeber** Yello Strom GmbH, Köln | **Agentur Basiselemente** Kreutz & Partner | **Agentur Dreidimensionale Anwendung** Kreutz & Partner

Auszeichnung für risikofreudige Selbstdarstellung: Diese eigenwillige Selbstdarstellung gibt einem beim Betrachten viele Rätsel auf. Sie bietet deshalb genügend Anreiz, sich intensiv damit zu befassen. Damit werden bereits (in diesem Fall) wichtige Kommunikationsziele erreicht: interessierte Wahrnehmung, Neugier auf mehr Information, aktives Entschlüsseln. Die Formattechnik der modernen Kommunikationswelt wird durch markante, lineare Farbstreifen, die mehrere Farbkulturen subtil verbinden, zu gestalterischer Einheit gebracht. Der gelaserte Name des Unternehmens erscheint in origineller, überraschender Rasterstruktur. In wirklich auffälliges Corporate Design. Und dabei bewusst risikofreudig: nur im Siebdruck herstellbar und nur begrenzt in die Multi-Medienwelt (z.B. Internet) umsetzbar. | Siegfried Kübler

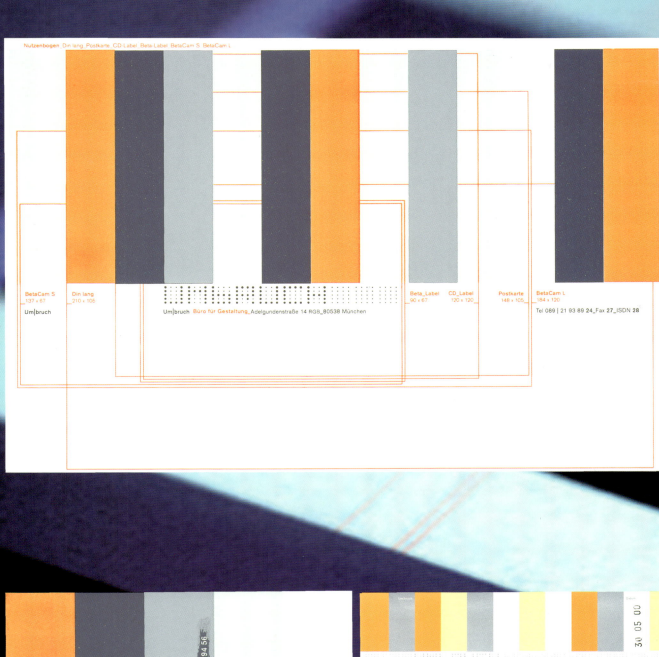

Shortlist

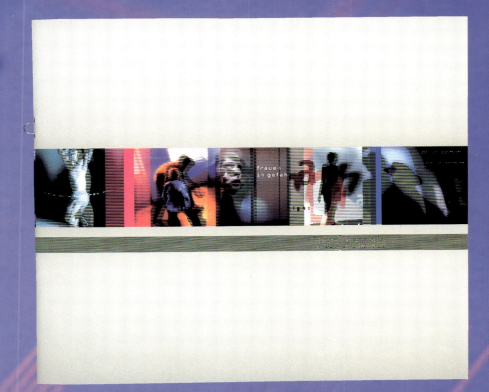

Titel Einreichung CI-Umbruch | **Auftraggeber** Umbruch | **Agentur Basiselemente** Um|bruch Büro für Gestaltung

Shortlist

Titel Einreichung Story House Productions, Geschäftsausstattung | **Auftraggeber** Story House Productions, München/ Washington | **Agentur Basiselemente** Sonner / Vallée München

Auszeichnung für besondere Kultiviertheit: Das „Story House" will sich als junges, ideenreiches Produktionsunternehmen mit hohem Qualitätsanspruch präsentieren. Der „Filmstreifen" mit dramatischen, poetischen, skurrilen oder dokumentarischen Szenen verweist auf dramaturgische Aspekte des Story Board und die Genres des Films. Die Stanzung assoziiert den Filmausschnitt. Der Chamois-Ton des Papiers, in Verbindung mit der betont angelsächsischen Typografie, vermittelt die kulturelle Brücke zwischen München und Washington – den beiden Geschäftsadressen des Unternehmens. Die Summe der grafischen und typografischen Elemente verpflichtet sich auf kultivierte und stimmungsvolle Weise zum eindrucksvollen Erscheinungsbild eines innovativen Produktionsunternehmens der Film- und Fernsehbranche. | Urs Fanger

Shortlist

Titel Einreichung Wortschmatz® Vertrieb für Sinnvolle Schokolade | **Auftraggeber** Wortschmatz® Vertrieb für Sinnvolle Schokolade | **Agentur Basiselemente** KW 43, brandbuilding and design | **Agentur Dreidimensionale Anwendung** KW 43, brandbuilding and design

Auszeichnung für ironisches „brandbuilding": Die Grenzen sind ja heute fließend: Manche Layouts oder das Expo-Logo wirken wie überspannte Kunstobjekte und viele Kunstobjekte wie gängige Designware. Originell dagegen die parodistische Profilierung einer Kunstaktion mit Mitteln des Corporate Design. „Wortschmatz®" gelingt das trefflich! Mit Wortwitz vom Markennamen über Plakat-Headlines („Kauft Liebe!") bis zur Verballhornung amtlicher Vorschriften auf Siegelmarken („Wehret dem Wortschmilz."). Und mit visueller Ironie bei der verkaufsfördernden Verpackung dieser Nonsens-Idee („Wäre es nicht schön, wenn man Glück essen könnte?") bis zum köstlich layouteten Konzept-Büchlein „Tafelreden" – so köstlich wie „Die Gefleckte" und „Die Reine, durch und durch Weiße Schokolade". Kompliment für diesen ebenso professionellen wie lustvollen Kunst-Witz! | Prof. Peter von Kornatzki

Auszeichnung für offene, gelebte Identity: CD als Wachstums-Prozess über Jahrzehnte. Geregeltes Design ohne festgeschriebene Regeln, ohne Manual mit hunderten Detail-Vorschriften. Drei Prinzipien leiten sich aus dem Produkt-Programm und seiner Philosophie ab: Quadrat, Schwarz-Weiß-Duplex und klassische Grotesk in einem einzigen Schriftgrad, ergänzt durch Farbakzente des Kürzels „B.L." anstelle eines Logos. Daraus wächst eine gelebte Identity mit ständiger Variation innerhalb eines selbstgewählten Rahmens, intuitiv gesteuert durch „Herz und Hirn", zu einer unverwechselbaren Produktpersönlichkeit heran. | Mag. Friedrich Eisenmenger

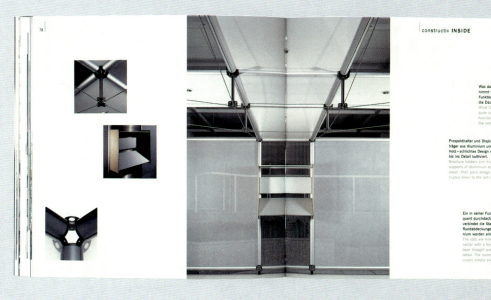

Shortlist

Titel Einreichung Museumsbox + Corporate Design für das Museum der Dinge, Werkbundarchiv Berlin | **Auftraggeber** Museum der Dinge, Werkbundarchiv Berlin | **Agentur Basiselemente** im stall GmbH

Auszeichnung für spielerische Vielfalt: Schon das Logo erklärt die Grundidee: ein Puzzle als Mosaik unseres „Alltags der Dinge". Ein schlichtes, einfaches Gestaltungsprogramm dient als Spielfeld für die wenigen Drucksachen und Promotion-Mittel. Die gewünschte Vielfalt wird durch Variation kleiner Abbildungen erreicht, die als „Ikonen" der Alltagswelt erscheinen. Sie erwecken Aufmerksamkeit und laden zur Auseinandersetzung mit den gewöhnlichen Dingen ein – zur Entdeckungsreise in Verborgenes, mit Überraschungen und Witz. Die subtile Gestaltung und das Spiel mit den visuellen Elementen ist auch Ausdruck einer Sammlung mit Liebe fürs Detail! | Edwin Schmidheiny

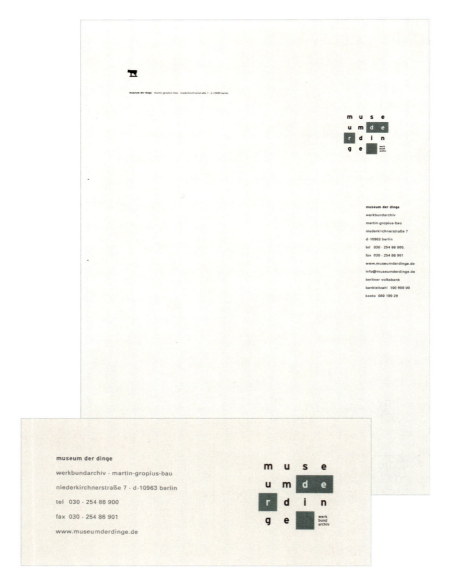

Shortlist

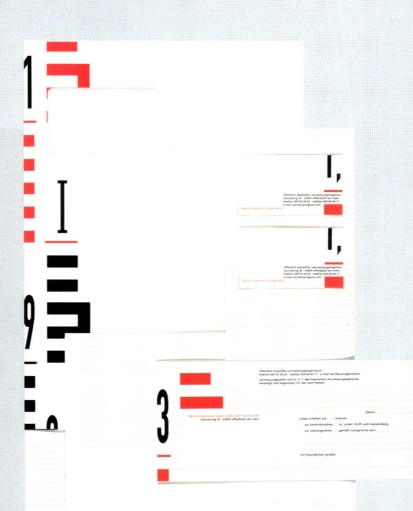

Titel Einreichung Corporate Design und Geschäftsausstattung | **Auftraggeber** Vermessungsbüro Laeufer und Stief | **Design Zweidimensionale Anwendung** Viola Läufer

Auszeichnung für virtuose Zeichensetzung: So einfach, zwingend und eigenständig kann eine Geschäftsausstattung aussehen! Wer kennt nicht die Damen oder Herren, die regungslos mit einer schwarz-weiß-roten Latte in der Landschaft stehen. Man weiß sofort, hier wird vermessen. Naheliegend und gerade deshalb so ungewöhnlich, die markanten Zeichen eines Berufswerkzeugs als CD-Basis zu nehmen. Klar, unmittelbar und vielfältig die Umsetzung. Doch vorgegebene Geometrie und Skalierung werden nicht einfach übernommen, sondern virtuos aufgelöst: Drucksache für Drucksache ein neuer Anschnitt oder Ausschnitt, die sich zum ästhetischen und funktionalen Ganzen fügen. | Dr. Dieter Heinrich

Titel Einreichung Café Mierscheid, Berlin | **Auftraggeber** General-Anzeiger Bonn | **Agentur Basiselemente** Bruchmann, Schneider, Bruchmann. Werbeagentur GmbH | **Agentur Dreidimensionale Anwendung** Bruchmann, Schneider, Bruchmann. Werbeagentur GmbH

Auszeichnung für „amtliches" Ulk-Design: Erst wenige Restaurants oder Cafés haben erkannt, dass ihre Corporate Identity durch protzige, fleckige oder newwavige Speisekarten ebenso leidet wie durch Trockenblumen und italienische Deutschweine. Das Berliner Café Mierscheid, auf Journalisten und Abgeordnete spezialisiert, hatte da schon zu Bonner Zeiten eine grandiose Idee: die konsequente Zurichtung und Ausstattung aller Drucksachen nach Maßgabe amtlicher Verwaltungsnorm, garniert mit „rheinischem" Frohsinn. In Diktion („Secretarius") und visueller Anmutung (pappige, graue Laufmappen) wirken die Einladungen, Speisekarten und Rechnungsfolder entsprechend anheimelnd. Wer diesen Amts-Ulk nicht gleich kapiert, wird spätestens angesichts einer schwarz-rot-gelben Urkundenkordel stutzig. Wir schlagen die Verantwortlichen für eine Beförderung auf BAT 3 vor! | Prof. Peter von Kornatzki

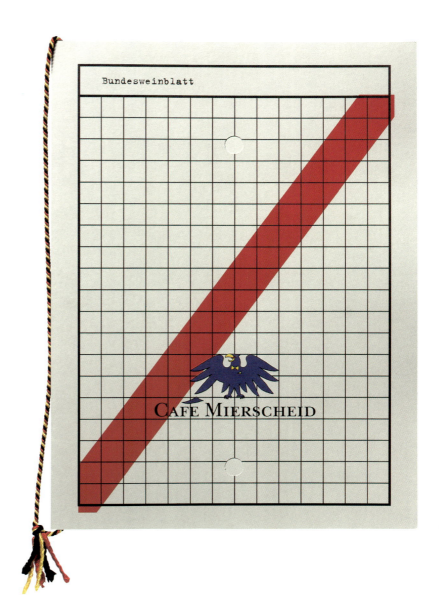

» Ranking «

Corporate Design Preis 2000

Ranking

Punkte	Agentur
4	Factor Design
3	CI Programm
2	3007
1	Bruchmann, Schneider, Bruchmann. Werbeagentur
1	Claus Koch Corporate Communications
1	Fleischmann & Kirsch
1	im stall
1	Interbrand Zintzmeyer & Lux
1	Kreutz & Partner
1	KW 43, brandbuilding and design
1	Viola Läufer
1	Sonner / Vallée
1	Um|bruch (Büro für Gestaltung)
1	Xuyen Dam, Marc Ziegler

Gold (= 4 Punkte)   Silber (= 3 Punkte)   Bronze (= 2 Punkte)   Shortlist (= 1 Punkt)

●

　　　　　　　　　　　●

　　　　　　　　　　　　　　　　　　　　●

　　　　　　　　　　　　　　　　　　　　　　　　　　　　　　●
　　　　　　　　　　　　　　　　　　　　　　　　　　　　　　●
　　　　　　　　　　　　　　　　　　　　　　　　　　　　　　●
　　　　　　　　　　　　　　　　　　　　　　　　　　　　　　●
　　　　　　　　　　　　　　　　　　　　　　　　　　　　　　●
　　　　　　　　　　　　　　　　　　　　　　　　　　　　　　●
　　　　　　　　　　　　　　　　　　　　　　　　　　　　　　●
　　　　　　　　　　　　　　　　　　　　　　　　　　　　　　●
　　　　　　　　　　　　　　　　　　　　　　　　　　　　　　●
　　　　　　　　　　　　　　　　　　　　　　　　　　　　　　●
　　　　　　　　　　　　　　　　　　　　　　　　　　　　　　●

Register

Agentur

Bruchmann,
Schneider, Bruchmann.
Werbeagentur GmbH
Seite 61

CI Programm, Zürich
Seite 40, 41

Claus Koch
Corporate Communications
Seite 44, 45

Factor Design AG
Seite 38, 39

Fleischmann & Kirsch
Studio für visuelle und verbale
Kommunikation, Stuttgart
Seite 56, 57

im stall GmbH
Seite 58

Interbrand Zintzmeyer & Lux,
Zürich
Seite 46, 47

Kreutz & Partner
Seite 50, 51

KW 43, brandbuilding and design
Seite 55

Viola Läufer
Seite 59

Sonner / Vallée München
Seite 54

Um|bruch Büro für Gestaltung
Seite 52, 53

Xuyen Dam / Marc Ziegler
Seite 48, 49

3007
Seite 42, 43

Auftraggeber

Burkhardt Leitner constructiv |
Modulare Räume, Stuttgart
Seite 56, 57

General-Anzeiger Bonn
Seite 60

Kabel New Media AG
Seite 38, 39

Landesbank Baden-Württemberg
Seite 46, 47

Museum der Dinge,
Werkbundarchiv Berlin
Seite 58

Regina Moths,
Literatur Moths München
Seite 48, 49

Rhiz-bar modern,
Rantasa & Molin GmbH
Seite 42, 43

Schweizerische
Eidgenossenschaft
Seite 40, 41

Story House Productions,
München/ Washington
Seite 54

Umbruch
Seite 52, 53

Verlagsgruppe Handelsblatt
GmbH
Seite 44, 45

Vermessungsbüro
Laeufer und Stief
Seite 59

Wortschmatz
Vertrieb für Sinnvolle Schokolade
Seite 55

Yello Strom GmbH, Köln
Seite 50, 51

Namen

Eisenmenger, Mag. Friedrich
Seite 37

Fanger, Urs
Seite 37

Hug, Erika J.
Seite 37

Heinrich, Dr. Dieter
Seite 37

Kornatzki, Prof. Peter von
Seite 37

Kübler, Siegfried
Seite 37

Pretting, Mag. Manfred
Seite 37

Schmidheiny, Edwin
Seite 37

Stock up!

There are just seven steps to creative heaven.

Order all seven Digital Vision catalogues from your authorised distributor.

You'll see for yourself the outstanding quality and creative freedom Digital Vision has to offer.

Distributors/Distributoren:
www.contentgate.com
www.elektraVision.de
www.fontshop.de
www.imagedirekt.de
www.softline.de

Throughout this publication, trademarked names are indicated. However, rather than repeatedly show the trademark symbol, we state that we are using such names in an editorial context with no intention of infringement of th-t trademark. Trademarked names, as always, remain the property of their respective companies.

Printed in the United Kingdom

//NEW// //MYSTERY OF TRAVEL

AUTOGRAPH SERIES // CONNIE WELLNITZ **REF NO 219**

Evocative and dramatic, a unique collection of European travel imagery shot with an emphasis on light and form. **50 IMAGES ON CD**

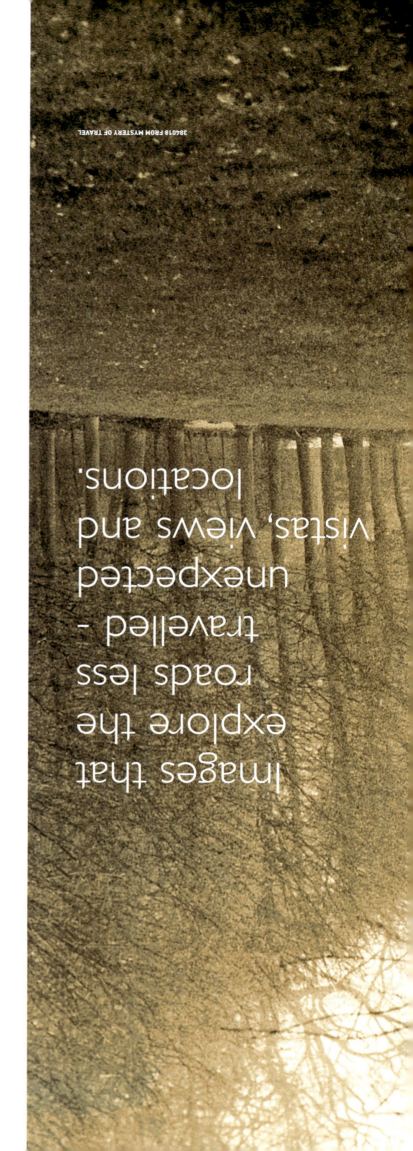

Images that explore the roads less travelled – unexpected vistas, views and locations.

Voice your desire

Lifestyle pictures with personality - the images you've been craving.

398002 FROM LOOKING GOOD

398048

398014

//NEW//LOOKING GOOD

AUTOGRAPH SERIES // **BERIT MYREKROK**   REF NO 179

Drop dead gorgeous! These sensual images take you up close and personal as our models make up – from glistening faces to sparkling Cinderella shoes. The brightest of contemporary images on health, beauty and fashion around. **60 IMAGES ON CD**

360001c

360014b

360014b

360006b

//NEW//BUSINESS DAY

AUTOGRAPH SERIES // **BRENDAN BYRNE**   REF NO 229

A narrative tale around the typical working day – from the alarm's first ring to interaction with colleagues and that ultimate high-powered board meeting. **100 IMAGES ON CD**

discover your voice

EDITORIAL

Take a close look at this picture on the right hand side. Water now turns into startling abstract motorways. Clouds are pinned onto a flattened sky.

Together these components create an unexpected tension. Depending on the brief, this image could be used for confidence or movement.

But above all this image demonstrates the creative direction we gave all our photographers for Voice – an approach that required a fresh look at all subject matter. An approach that meant challenging convention.

By seeking out and delivering the unexpected you will find every Voice title individual and original, thought-provoking and fun.

Voice will help you find a level of creative freedom that only the highest standard of royalty-free imagery can bring.

So challenge convention.
Be inspired.

01.366036b
Dinner Party

02.371047
Conceptual Business

03.398061
Looking good

voice

digital**v**ision.2000

Launching twenty-eight new titles from the brand new Voice collection — plus a sneak preview of our web-exclusive image series featuring bright, sophisticated travel images.

Rühl, Axel
Seite 141

Saba, Isabel
Seite 131

Saka, Esref
Seite 130

Salland-Staib, Marina
Seite 93

Samson-Himmelstjerna, Fr. von
Seite 168

Sanden, Horst von
Seite 105, 115, 161

Sauer, Andreas
Seite 139

Schaar, Herbert
Seite 131

Schemmrich, Karl-Ludwig
Seite 143

Schenk, Anette
Seite 149

Scheweling, Bernd
Seite 130

Schindler, Rolf
Seite 127

Schlott, Ulrike
Seite 119

Schmidt, Karen
Seite 99

Schmidt, Michael
Seite 119

Schmidt, Roger
Seite 99

Schmidt, Stefan
Seite 115

Schmitz, Ulrich
Seite 163

Schneider, Anja
Seite 176

Schneider, Manfred
Seite 176

Schöpfer, Joachim
Seite 141

Schöttle, Claudia
Seite 141

Schott, Mathias
Seite 139

Schregenberger, Gebi J.
Seite 83

Schulz, M.
Seite 165

Schulze, Michael
Seite 119

Schulze van Loon, Dieter
Seite 82

Schumann, Olaf
Seite 119

Schuster, Michael
Seite 107

Schwab, Volker
Seite 165

Schwarz, Jörg
Seite 146

Schwarz, Roland
Seite 173

Schweizer, Ralf
Seite 145

Seyler, Michael
Seite 113

Silva, Maya de
Seite 155

Siwek, Christoph
Seite 135

Sonner, Carolin
Seite 95

Stamm, Axel
Seite 101, 109

Starck, Philippe
Seite 139

Staudenmayer, Ellen
Seite 93

Steilmann, Cornelia
Seite 99

Steinle, Andreas
Seite 159

Stierli, Jürg
Seite 127

Stuhr, Jens
Seite 87

Schweizer, Ralf
Seite 145

Tafel, Martin
Seite 117

Theil, Beate
Seite 121

Thernes, Sabine
Seite 111

Thienhaus, Régine
Seite 159

Thiessen, Thomas
Seite 173

Thümler, Sabine
Seite 107

Tibi, Günther
Seite 149

Tönsmann, Christian
Seite 145

Traber, Thorsten
Seite 125

Träger, Susanne
Seite 119

Trentmann, Tom
Seite 93

Turner, Sebastian
Seite 87

Uhle, Till K.
Seite 82

Utta, Michael
Seite 176

Vogl, Franz-Josef
Seite 83

Wagner, Mario
Seite 163

Waldheim, Angela
Seite 101

Walter, Fritz W.
Seite 171

Walter, Gernot
Seite 169

Walz, Marco
Seite 169

Weber, Uli
Seite 121

Wedel, Elard von
Seite 117

Weiler, Jan
Seite 85

Weing, Jürgen
Seite 83

Weller, Harald
Seite 168

Wendt, Andrea
Seite 119

Wetzel, Petra
Seite 145

Werner, Gabriele
Seite 157

Wippermann, Prof. Peter
Seite 159

Wittling, Michael
Seite 176

Wittmann, Mano
Seite 157

Wirbeleit, Marc
Seite 103

Wolf, Anna
Seite 151

Wulf, Gesine
Seite 119

Wynistorf, Werner
Seite 82

Young, Lee
Seite 105

Zaadstra, Hendrik
Seite 82

Zarth, Michael
Seite 107

Register

Hesse, Klaus
Seite 142

Hesse, Thomas
Seite 97

Heßler, Bettina
Seite 87

Heßler, Peter
Seite 130

Hetzinger, Birger-W.
Seite 171

Heymach, Kerstin
Seite 119

Hockenholz, Stefanie
Seite 89

Hölter, Nicole
Seite 99

Hönigl, Franz
Seite 87

Holden, Ruth
Seite 89

Huefnagels, Dirk
Seite 103, 123

Jackson, Paul
Seite 105, 161

Jaggy, Alexander
Seite 115

Jakob, Alexandra
Seite 151

Jandt, Randolf
Seite 144

Jansen, Anja
Seite 175

Jessen, Birte
Seite 87

Jochum, Armin
Seite 93

Junker, Andrea
Seite 159

Junker, Gerhard
Seite 171

Kahane, Kitty
Seite 113

Kammann, Viola
Seite 91

Kammlander, Karin
Seite 82

Kamphausen, Klaus
Seite 153

Karsunke, Benjamin
Seite 157

Keller, Charlie
Seite 83

Keller, Michael
Seite 111

Kesting, Jan
Seite 173

Kirsch, André
Seite 137

Klage, Dr. Jan P.
Seite 83

Klein, Sabine
Seite 111

Kleinbrahm, Frank
Seite 171

Klier, Heinz
Seite 151

Klöck, Benjamin
Seite 147

Kochan, Boris
Seite 157

Köhnen, Claudia
Seite 175

König, Markus
Seite 82

Kolb, Ralf
Seite 97

Kolitsch, Wolfgang
Seite 119

Kolweyh, Elvira
Seite 163

Konrad, Jürgen W.
Seite 101, 109

Korthals, Peter
Seite 101, 109

Koszytorz, Elly
Seite 142

Kraatz, Markus
Seite 107

Kraeh, Andreas
Seite 157

Krämer, Godo
Seite 147

Krapf, Astrid
Seite 130

Krause, Delle
Seite 142

Krauss, Heide
Seite 99

Kress, Wiebke
Seite 133

Krisztian, Gregor
Seite 97

Kröschel, Robert
Seite 151

Krug, Volker
Seite 144

Kugelmann, Irene
Seite 103, 123

Kuhn, Klaus
Seite 144

Landgraf, Verena
Seite 143

Langer, Astrid
Seite 176

Leick, Stefan
Seite 87

Leifer, Tom
Seite 145

Lewandowski, Hans-Jürgen
Seite 154

Lichte, Heike
Seite 168

Lingen, Detlef
Seite 175

Löhr, Anja
Seite 99

Lottermann, Frank
Seite 133

Mackert, Georg
Seite 149

Madden, Sinead
Seite 168

Mahler, Jan Klaas
Seite 147

Mark, Harm-Jan van der
Seite 123

Matthews, Jon
Seite 103, 123

Maurer, Franz
Seite 83

Meier, Anke
Seite 144

Möller, Norbert
Seite 147

Moll, Simone
Seite 111

Montgomery, Giles
Seite 103

Motter, Peter
Seite 127

Mouat, Garry
Seite 105

Narjes, Bonnie
Seite 149

Naumann, Nanda
Seite 119

Nelles, Dagmar
Seite 82

Nestmann, Marian
Seite 97

Niemann, Carolin
Seite 143

Nitschke, Dirk
Seite 159

Noack, Ursl
Seite 153

Obasi, Henry
Seite 115

Oberressl, Wolfgang
Seite 117

Ommen, Anna van
Seite 105

Oprach, Peter
Seite 143

Parent, Jean-Claude
Seite 135

Pfannmüller, Günter
Seite 83

Pfeiffer, Frank
Seite 99

Pino, Sandra
Seite 119, 141

Pizan, Nuria
Seite 154

Pötschke, Ulrike
Seite 83

Poulionakis, Andreas
Seite 154

Pross, Martin
Seite 141

Rädeker, Jochen
Seite 169

Rees, Simone
Seite 93

Rehling, Bernd
Seite 83

Reinhard Berlin
Seite 101, 109

Rell, Andreas
Seite 93

Röder, Marc
Seite 121

Rögener, Stefan
Seite 83

Röper, Almut
Seite 146

Rolfs, Caroline
Seite 173

Ross, Iain
Seite 161

Rück, Edmund
Seite 153

Medien Zentrum Aichelberg
Seite 170, 171

M. Saupe & Co, München
Seite 94, 95

Netzwerk P
Seite 140, 141

Niedermann AG
Seite 126, 127

Oestreicher + Wagner
Seite 128, 129

Offset-Druckerei Grammlich
Seite 120, 121

Offizin Haag
Seite 84, 85

Offsetdruck Raff, Riederich
Seite 147

Plitt
Seite 112, 113

PPS
Seite 131

Schoder Druck, Gersthofen
Seite 116, 117

Schotte, Krefeld
Seite 144

Schrörs Druck, Krefeld
Seite 90, 91

Servicedruck Kleinherne
Seite 143

Sommerdruck Waiblingen
Seite 154

Studio Druck, Nürtingen
Seite 148, 149

Sturm Druck GmbH, Bremen
Seite 162, 163

Universitätsdruckerei
und Verlag H. Schmidt,
Mainz
Seite 132, 133

Walter Biering GmbH,
München
Seite 102, 103

Wiesbadener Grafische Betriebe
Seite 86, 87

Zelig-Druck, München
Seite 156, 157

Namen

Ahrens, Jürgen
Seite 151

Anderegg, Christian
Seite 82

Balzer, Thomas
Seite 83

Banthien, Volker
Seite 168

Bartel, Alexander
Seite 129

Bassewitz, Dr. Susanne von
Seite 82

Baumann, Stefan
Seite 159

Baumgarten, Matthias C.
Seite 129

Beaugrand, Stéphanie
Seite 117

Beckmann, Klaus
Seite 151

Behncke
Seite 89

Beinert, Wolfgang
Seite 95

Beithan, Jochen
Seite 130

Bergmann, Kai
Seite 142

Bernatzky, Markus
Seite 142

Beyer, Peter
Seite 159

Bizzi, Lorenzo
Seite 133

Bluhm, Jörg
Seite 135

Blum, Daniela
Seite 97

Blundell, David
Seite 161

Börner, Petra
Seite 121

Böse, Angelika
Seite 142

Boiler, John
Seite 103, 123

Bredendieck, Jörg
Seite 117

Breitling, Stephan
Seite 176

Brucklacher, Dieter
Seite 139

Brudler, Wolfgang
Seite 135

Brunner, Katja
Seite 117

Bruns, Wolf
Seite 111

Buck, Peter
Seite 89

Bussert, Silvia
Seite 121

Calseijde, Saskia van de
Seite 91

Christiani, Eckard
Seite 101, 109

Chudalla, Thomas
Seite 115

Collier, Gunnar
Seite 144

Coulon, Helga
Seite 176

Cremer, Michael
Seite 82

Das, Elroy
Seite 155

Dieckert, Kurt Georg
Seite 115

Diehr, Oliver
Seite 129

Dietz, Kirsten
Seite 169

Dörfler, Ernst
Seite 153

Drensler-Plümacher, Susanne
Seite 131

Driessler, Claudia
Seite 119

Eberlein, Margit
Seite 151

Effner, Gundula
Seite 141

Eichenauer, Sabine
Seite 85, 167

Eicke, Andrea
Seite 142

Elsässer, Christine
Seite 130

Endert, Jan van
Seite 144

Erlebach, Jürgen
Seite 113

Erler, Johannes
Seite 85, 145, 167

Everson, Dirk O.
Seite 141

Faessler, Marcel
Seite 173

Fahrner, Marius
Seite 85, 167

Fehsenfeld, Klaus
Seite 168

Fein, Christoph
Seite 83

Fein, Hans-Jürgen
Seite 139

Fiedler, Reiner
Seite 154

Fischer, Heinz
Seite 82

Fischer, Walter
Seite 121

Fleischmann, Ulrich
Seite 137

Gaber, Donata
Seite 113

Gaffney, Pearse
Seite 103

Gaida, Joachim
Seite 167

Ganser, Stephan
Seite 154

Gaßdorf, Dr. Dagmar
Seite 131

Gellner-Tarnow, Brigitte
Seite 149

Gerk, Thorsten
Seite 99

Gillmann, Ingolf
Seite 129

Göpfert, G.
Seite 165

Gorodecky, Richard
Seite 123

Göttert, Benedikt
Seite 141

Haeusermann, Dirk
Seite 154

Haferkorn, Frank
Seite 171

Hagedorn, Tim
Seite 146

Handlos, Josef
Seite 153

Hanekamp, Bernd
Seite 153

Hastedt, Tanja
Seite 101

Hedde, Antje
Seite 115

Heers, Manuela
Seite 89

Hennesy, John
Seite 105

Hering, Wolf-Bernd
Seite 173

Hesse, Christine
Seite 83

Register

Satz

Adwerb Werbeagentur AG
Seite 126, 127

A G W GmbH,
Die Kommunikations-Agentur
Seite 150, 151

Appel Grafik, Berlin
Seite 118, 119, 140, 141

Art Directors Alliance
Seite 164, 165

BerlinDruck
Seite 100, 101, 108, 109

Büro 7
visuelle Kommunikation GmbH
Seite 155

Datagraph
Digitale Druckvorstufe, München
Seite 156, 157

Druckerei
Wilhelm Zertani KG – Bremen
Seite 164, 165

E-fact Production
Seite 88, 89, 104, 105, 160, 161

Final Artwork, Hamburg
Seite 147

Gerk und Krauss
Seite 98, 99

in(corporate communication +
design GmbH, Bremen
Seite 146

Jung v. Matt
Seite 172, 173

KMS
Seite 110, 111

Laser Litho4, Düsseldorf
Seite 116, 117

LD. Agentur für Marketing
und Werbung GmbH
Seite 170, 171

Lingen + Lingen
Werbeagentur GmbH
Seite 174, 175

MERZ Düsseldorf
Seite 112, 113

Offizin Haag, Marius Fahrner,
Drugulin, Leipzig
Seite 84, 85

Schindler, Parent & Cie.
Seite 134, 135

Scholz & Friends Berlin
Seite 86, 87

strichpunkt gmbH, Stuttgart
Seite 169

Typecraft
Seite 168

Type & Picture Hamburg
Seite 154

Typo Z
Seite 148, 149

Wächter & Wächter Bremen
Werbeagentur GmbH
Seite 162, 163

Workshop Beithan, Heßler
Seite 130

Zerres-Satz GmbH, Leverkusen
Seite 144

Lithografie

Albert Bauer KG
Grafische Werkstätten Hamburg
Seite 164, 165

AlphaBeta Druckservice,
Hamburg
Seite 84, 85, 145

Appel Grafik, Berlin
Seite 86, 87, 118, 119

bildpunkt
Seite 168

Blöink Reprotechnik, Darmstadt
Seite 96, 97

BRK Repro Stuttgart
Seite 154

Carl Ruck Reproduktionstechnik,
Stuttgart
Seite 147

Color Lux, Verona
Seite 110, 111

Colour Connection,
Frankfurt am Main
Seite 132, 133

Datagraph
Digitale Druckvorstufe, München
Seite 156, 157

Druckerei Grandt, Hamburg
Seite 166, 167

Dunz-Wolff Medien
Seite 172, 173

Eder Repros Offset Repro GmbH
Seite 152, 153

E-fact Production
Seite 104, 105, 160, 161

E-fact Production /
Repro Klein, Hamburg
Seite 88, 89

Einsatz Creative Production,
Hamburg
Seite 136, 137

Gruner & Jahr
Seite 142

Haussmann Reprotechnik,
Darmstadt
Seite 130

Highlevel Berlin
Seite 106, 107

Konzept-Verlag, Stuttgart
Seite 169

Laser Litho4, Düsseldorf
Seite 116, 117

Lingen + Lingen
Werbeagentur GmbH
Seite 174, 175

Litho Niemann
Seite 146

LithoScan AG
Seite 126, 127

Netzwerk P
Seite 140, 141

Oestreicher & Wagner,
München
Seite 150, 151

Otterbach, Rastatt
Seite 148, 149

Plitt
Seite 112, 113

PPS
Seite 131

Pro Artwork, Düsseldorf
Seite 98, 99

recom
Seite 120, 121

Reproteam
Seite 100, 101, 108, 109

RPS Reprostudio Bremen GmbH,
Bremen
Seite 162, 163

Schindler, Parent & Cie.
Seite 134, 135

Schrörs Druck, Krefeld
Seite 90, 91

types GmbH,
Medienvorstufe, Netshaus
Seite 170, 171

Wegner GmbH
Seite 155

Zerres-Satz GmbH, Leverkusen
Seite 144

Druck

Asco Druck
Seite 146

Benatzky-Druck,
Studio Haase-Siebdruck
Seite 172, 173

BerlinDruck
Seite 100, 101, 108, 109

Borek Kommunikation,
Braunschweig
Seite 118, 119

Brilliant Offset, Hamburg
Seite 84, 85

Colordruck, Leimen
Seite 169

Druckerei Eberl, Immenstadt
Seite 134, 135

Druckerei Fritz Kriechbaumer,
München
Seite 150, 151

Druckerei Grandt, Hamburg
Seite 166

Druckerei Grütter
GmbH & Co.KG
Seite 174, 175

Druckerei Heining &
Müller GmbH, Mülheim a.d. Ruhr
Seite 104, 105

Druckerei H. Schlesener KG,
Berlin
Seite 106, 107

Druckerei
Wilhelm Zertani KG – Bremen
Seite 164, 165

Druckpartner, Essen
Seite 98, 99

Drugulin, Leipzig
Seite 84, 85

Dürmeyer GmbH, Hamburg
Seite 158, 159

Friedrich Schmücker GmbH
Seite 110, 111

Frotscher Druck, Darmstadt
Seite 96, 97

Goihl Druck GmbH
Seite 155

Gotha Druck, Wechmar
Seite 160, 161

Graphische Betriebe Eberl GmbH
Seite 152, 153

Gravo Offset, Monnickendam
Seite 122, 123

Gruner & Jahr
Seite 142

Huber Buch- und Offsetdruck
Seite 176

Leibfarth + Schwarz,
Dettingen / Erms
Seite 136, 137

Medialis, Berlin
Seite 168

Agentur

Adwerb Werbeagentur AG
Seite 126, 127

A G W GmbH,
Die Kommunikations-Agentur
Seite 150, 151

Art Directors Alliance
Seite 164, 165

Artfinder Darmstadt
Seite 96, 97

Atelier Beinert | München;
Designer, Typographen
und Photographen
Seite 94, 95

Beithan, Heßler Werbeagentur
GmbH, Frankfurt am Main
Seite 130

Büro Hamburg
Seite 158, 159

Büro 7
visuelle Kommunikation GmbH
Seite 155

commedia
Seite 131

E-fact. Limited
Seite 88, 89, 104, 105

Factor Design AG
Seite 84, 85, 145, 166, 167

Fleischmann & Kirsch
Studio für visuelle und verbale
Kommunikation, Stuttgart
Seite 136, 137

Gerk und Krauss, Bochum
Seite 98, 99

Hesse Designstudios
Seite 143

Heye + Partner
Seite 128, 129

Hochschule für Gestaltung
Offenbach am Main
Seite 142

H2e Hoehne Habann Elser
Seite 92, 93

in(corporate communication +
design GmbH, Bremen
Seite 146

Jung von Matt WA GmbH
Seite 172, 173

KMS
Seite 110, 111

Kochan & Partner, Werbung,
Design und Kommunikation
Seite 156, 157

Kuhn, Kammann & Kuhn GmbH
Seite 90, 91, 144

LD. Agentur für Marketing
und Werbung GmbH
Seite 170, 171

Leonhardt & Kern
Werbung GmbH
Seite 120, 121

Lingen + Lingen
Werbeagentur GmbH
Seite 174, 175

MERZ Düsseldorf
Seite 112, 113

moskito Kommunikation
und Design
Seite 108, 109

moskito public relations
Seite 100, 101

NORDISK, BÜRO. GmbH
Seite 132, 133

Ogilvy & Mather Special,
Düsseldorf
Seite 116, 117

Pantos Werbeagentur GmbH,
München
Seite 152, 153

Peter Schmidt Studios
Seite 147

Rother Plus WA GmbH
Seite 106, 107

Schindler, Parent & Cie.
Seite 134, 135

Scholz & Friends Berlin
Seite 86, 87, 118, 119,
140, 141, 160, 161

Simon & Goetz
Design GmbH & Co.KG
Seite 124, 125

Springer & Jacoby International
Seite 114, 115, 154

strichpunkt gmbH, Stuttgart
Seite 169

TBWA München
Seite 176

Wächter & Wächter Bremen
Werbeagentur GmbH
Seite 162, 163

W.A.F. Werbegesellschaft mbH
Seite 168

Wensauer & Partner,
Ludwigsburg
Seite 148, 149

Werbung etc. Werbeagentur AG
Seite 138, 139

Wieden + Kennedy,
Amsterdam
Seite 102, 103, 122, 123

Auftraggeber

ADP-Rotwild
Seite 124, 125

Art Directors Club
für Deutschland e.V.
Seite 142

Atelier Beinert | München;
Designer, Typographen
und Photographen
Seite 94, 95

Audi AG
Seite 110, 111

BerlinDruck
Seite 100, 101, 108, 109

Berliner Stadtreinigungsbetriebe
Seite 106, 107

BMW AG, München
Seite 150, 151

Burkhardt Leitner constructiv I
Modulare Räume, Stuttgart
Seite 136, 137

Columbia Records
a Division of Sony Music
Entertainment Germany
Seite 132, 133

Curanum AG, München
Seite 130

DaimlerChrysler
Vertriebsorganisation
Deutschland
Seite 88, 89, 92, 93, 104, 105,
114, 115, 140, 141, 154, 160, 161

Deutsche Ausgleichsbank
Seite 112, 113

Deutsche Genossenschafts-
Hypothekenbank AG
Seite 164, 165

Deutsche Handelsbank AG
Seite 168

Duravit / Hoesch / Hansgrohe
Seite 138, 139

FAZ Verlag GmbH
Seite 86, 87

GEWOBA AG
Seite 155

Haindl Papier GmbH, Augsburg
Seite 116, 117

Heidelberger Druckmaschinen AG
Seite 96, 97

Henkel KGaA
Seite 174, 175

Henkel KGaA /
Corporate Communications
und Investor Relations
Seite 144

Hugo Boss AG, Metzingen
Seite 147

HypoVereinsbank
Seite 102, 103, 122, 123

Joop! GmbH, HH
Seite 120, 121

Kabel New Media AG
Seite 145

KarstadtQuelle AG /
Konzernkommunikation
Seite 131

Klaus Steilmann GmbH & Co. KG,
Bochum
Seite 98, 99

Kuhn, Kammann & Kuhn GmbH
Seite 90, 91

Lang & Schwarz Gruppe
Seite 146

Lego Central Europe GmbH
Seite 176

LithoScan AG
Seite 126, 127

McDonald's
Seite 128, 129

Messe Bremen GmbH
Seite 162, 163

Mewa Textil-Service AG & Co.
Seite 148, 149

Modo Paper GmbH
Seite 152, 153

Papierfabrik Scheufelen
Seite 170, 171

Prokon Verlag, München
und Kochan & Partner,
München
Seite 156, 157

Römerturm Feinstpapier
Seite 84, 85, 166, 167

Schemmrich KG
Seite 143

Schindler, Parent +
Cie Advance GmbH
Seite 134, 135

Schlott AG, Freudenstadt
Seite 169

Staatliche Porzellanmanufaktur
Meissen
Seite 118, 119

Trendbüro
Seite 158, 159

Verlagsgruppe Handelsblatt GmbH,
Vertrieb Wirtschaftswoche
Seite 172, 173

Gold (= 4 Punkte)	Silber (= 3 Punkte)	Bronze (= 2 Punkte)	Diplom (= 1 Punkt)
			●
			●
			●
			●
			●
			●
			●
			●
			●
			●
			●
			●
			●
			●
			●
			●
			●
			●
			●
			●
			●
			●
			●
			●
			●
			●
			●

| Gold (= 4 Punkte) | Silber (= 3 Punkte) | Bronze (= 2 Punkte) | Diplom (= 1 Punkt) |

Ranking

Punkte	Agentur
1	Adwerb Werbeagentur
1	A G W
1	Art Directors Alliance
1	Beithan, Heßler Werbeagentur
1	Büro Hamburg
1	Büro 7
1	commedia
1	Fleischmann & Kirsch Studio
1	Hesse Designstudios
1	Heye + Partner
1	Hochschule für Gestaltung Offenbach am Main
1	in(corporate communication + design
1	Jung von Matt Werbeagentur
1	Kochan & Partner
1	LD. Agentur für Marketing und Werbung
1	Lingen + Lingen Werbeagentur
1	Nordisk, Büro.
1	Pantos Werbeagentur
1	Peter Schmidt Studios
1	Schindler, Parent & Cie.
1	Springer & Jacoby Werbung
1	strichpunkt
1	TBWA München
1	Wächter & Wächter Werbeagentur
1	W.A.F. Werbegesellschaft
1	Wensauer & Partner
1	Werbung etc. Werbeagentur

Gold (= 4 Punkte)	Silber (= 3 Punkte)	Bronze (= 2 Punkte)	Diplom (= 1 Punkt)
●	●		●
●		●	●
●			● ●
●		●	
●			●
●			
●			
●			
●			
●			
	●		
	●		
	●		
		●	
		●	
		●	
		●	
		●	

Ranking

Punkte	Agentur
8	E-fact
7	Scholz & Friends Berlin
6	Factor Design
6	Wieden + Kennedy
5	Kuhn, Kammann & Kuhn
4	Artfinder
4	Atelier Beinert & Sonner
4	Gerk und Krauss
4	H_2e Hoehne Habann Elser
4	moskito public relations
3	KMS-Team
3	moskito Kommunikation und Design
3	Rother Plus Werbeagentur
2	Leonhardt & Kern
2	MERZ Werbeagentur
2	Ogilvy & Mather Special
2	Simon & Goetz Design
2	Springer & Jacoby International

>> Ranking <<

Internationaler Druckschriftenwettbewerb
Berliner T pe 2000

Diplom | Konzeption VKF

Titel Einreichung Design your time | **Auftraggeber** Lego Central Europe GmbH | **Werbeleitung** Astrid Langer, Helga Coulon | **Agentur** TBWA München | **Creative Direction** Manfred Schneider | **Text** Michael Utta | **Art Direction** Anja Schneider | **Satz** Stephan Breitling | **Lithografie** Michael Wittling | **Druck** Huber Buch- und Offsetdruck

Begründung Die Arbeit zeichnet sich durch adäquate und selbstbewusste Ansprache aus. Die Zielgruppe ist gewachsen (von 6 auf 12 Jahre). Das Leaflet (kleine Broschüre) weist eine anschauliche Funktionalität und damit eine USP auf. Hier wird ein innovatives Produkt innovativ dargestellt.

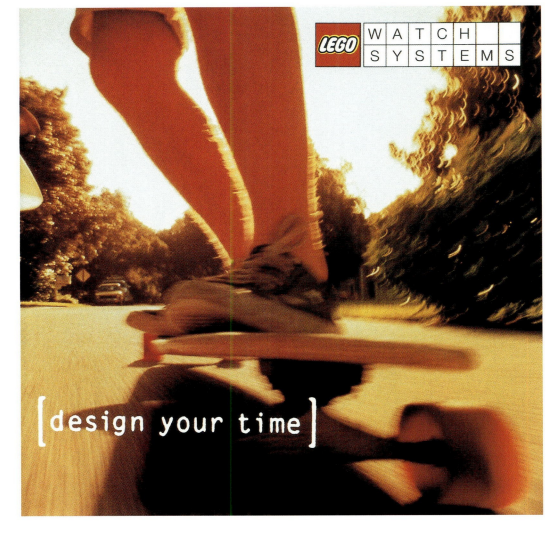

Diplom | Konzeption VKF

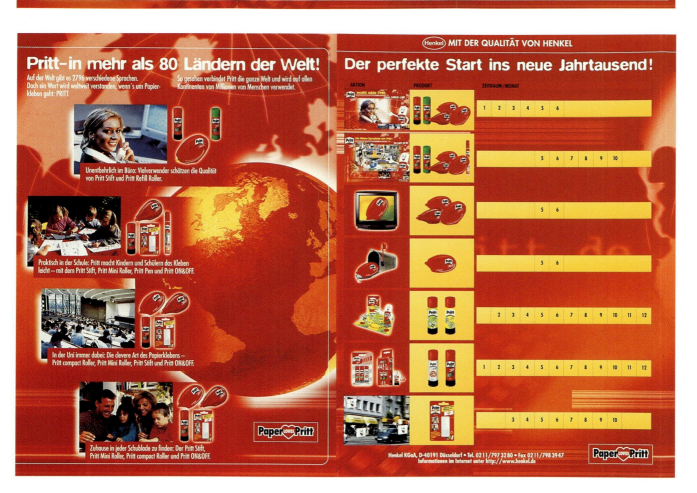

Titel Einreichung World Wide Pritt | **Auftraggeber** Henkel KGaA | **Werbeleitung** Anja Jansen | **Agentur** Lingen + Lingen Werbeagentur GmbH | **Creative Direction** Detlef Lingen | **Text** Detlef Lingen, Claudia Köhnen | **Art Direction** Lingen + Lingen Werbeagentur GmbH | **Fotografie** Bildarchive / Lingen + Lingen Werbeagentur GmbH | **Druck** Druckerei Grütter GmbH & Co.KG | **Satz** Lingen + Lingen Werbeagentur GmbH | **Lithografie** Lingen + Lingen Werbeagentur GmbH

Begründung Bei der vorliegenden Arbeit handelt es sich um eine klassische Händler-Promotion. Als Besonderheit fällt die Reduktion der Aussagen auf das Wesentliche auf. Der knapp gehaltene Sales-Folder unterstützt den Verkauf optimal. Auch der Aktionsplan der geplanten Werbeaktionen dient der Verkaufsförderung und stellt die Frage: Wieviel Ware muss zu welchem Zeitpunkt bestellt werden?

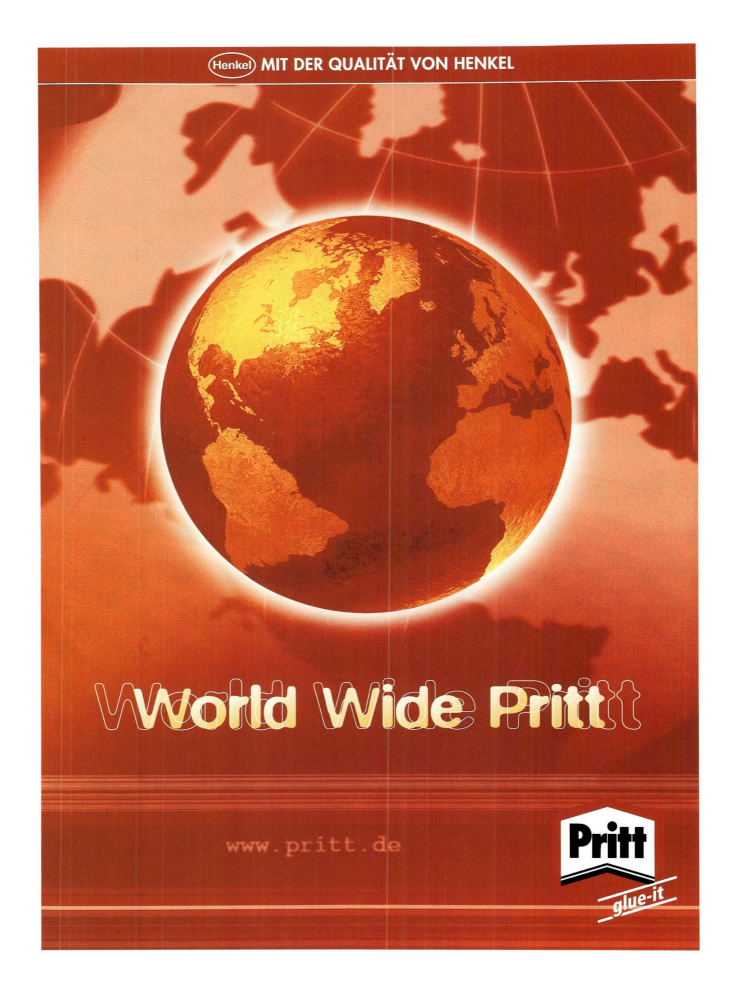

Diplom | Konzeption Werbung

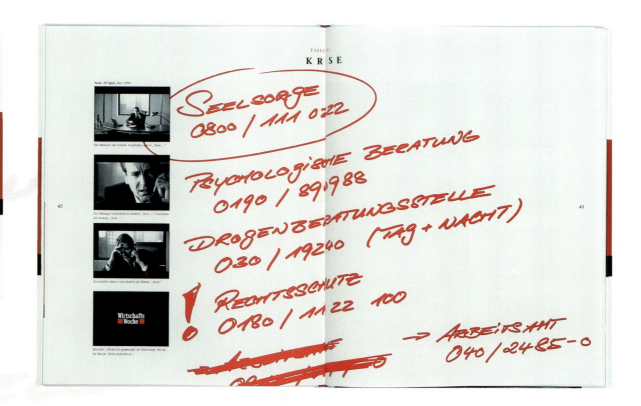
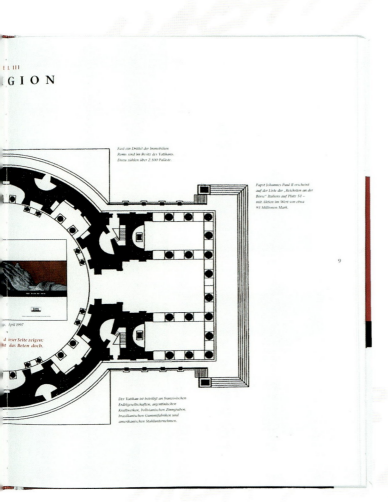
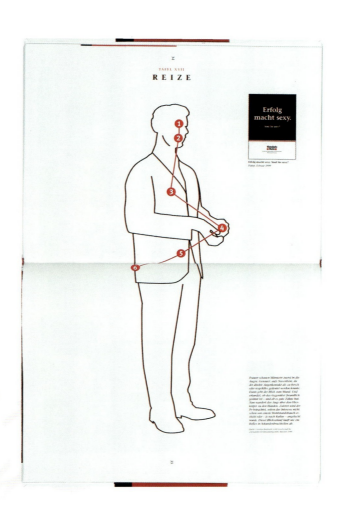

Titel Einreichung So schön ist... | **Auftraggeber** Verlagsgruppe Handelsblatt GmbH, Vertrieb Wirtschaftswoche | **Objekt- und Vertriebsleitung** Wolf-Bernd Hering | **Agentur** Jung von Matt WA GmbH | **Bildredaktion** Caroline Rolfs (Art Buying Jung v. Matt) | **Creative Direction** Roland Schwarz | **Text** Jan Kesting | **Art Direction** Marcel Faessler | **Design** Marcel Faessler | **Fotografie** diverse | **Satz** Thomas Thiessen (Jung v. Matt) | **Druck** Benatzky-Druck, Studio Haase-Siebdruck | **Buchbindung** Benatzky-Druck | **Lithografie** Dunz-Wolff Medien

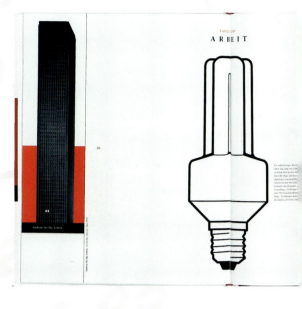

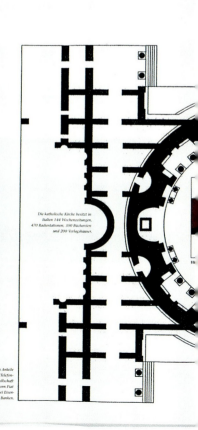

Begründung ideenreich / vielseitig / durchgängig / animierend / gescheit

 **Diplom** | Konzeption VKF | Buchbindung

Titel Einreichung Edition Phoenix Imperial | **Auftraggeber** Papierfabrik Scheufelen | **Marketingleitung** Birger-W. Hetzinger | **Agentur** LD. Agentur für Marketing und Werbung GmbH | **Creative Direction** Frank Haferkorn | **Text** Frank Kleinbrahm, Gerhard Junker, Fritz W. Walter | **Art Direction** Frank Haferkorn | **Design** Gerhard Junker | **Fotografie** Fritz W. Walter | **Satz** LD. Agentur für Marketing und Werbung GmbH | **Lithografie** types GmbH, Medienvorstufe, Netshaus | **Druck** Medien Zentrum Aichelberg | **Buchbindung** Josef Spinner GmbH, Ottersweier, Stanzungen Firma Bome, Holzgerlingen

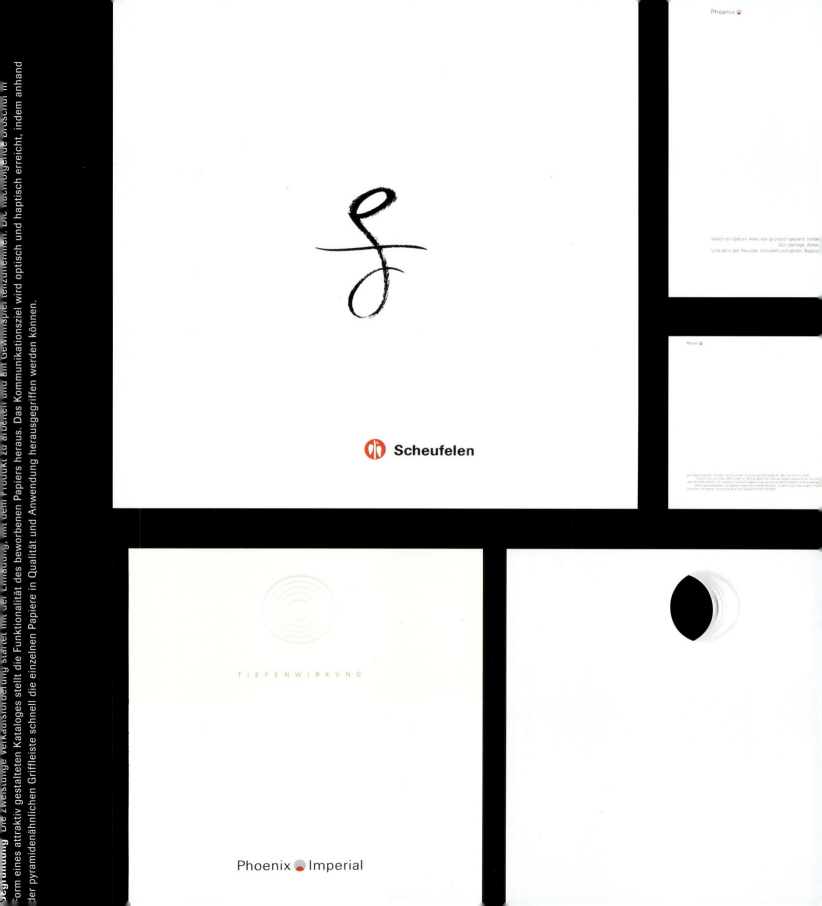

Diplom | Buchbindung

Titel Einreichung Geschäftsbericht Schlott AG 1999 | **Auftraggeber** Schlott AG, Freudenstadt | **Werbeleitung** Marco Walz | **Agentur** strichpunkt gmbH, Stuttgart | **Creative Direction** Jochen Rädeker | **Text** pr + co.GmbH, Stuttgart | **Art Direction** Kirsten Dietz | **Design** Gernot Walter | **Bildredaktion** strichpunkt – Team | **Fotografie** Michael Schnabel, Stuttgart | **Satz** strichpunkt – Team | **Lithografie** Konzept-Verlag, Stuttgart | **Druck** Colordruck, Leimen | **Buchbindung** Colordruck, Leimen

Begründung auch eine Broschur kann top und edel sein / hier stimmt einfach alles, Material und Verarbeitung / Ausführung ist in allen Details super

Diplom | Buchbindung

Titel Einreichung Geschäftsbericht Deutsche Handelsbank AG 1998 | **Auftraggeber** Deutsche Handelsbank AG | **Werbeleitung** Kirsten Banthien | **Agentur** W.A.F. Werbegesellschaft mbH | **Creative Direction** Klaus Fehsenfeld | **Text** Fr. von Samson-Himmelstjerna / Kunde | **Art Direction** Sinead Madden | **Illustration** Heike Lichte | **Satz** Harald Weller (Satz und Buchdruck) / Typecraft | **Lithografie** bildpunkt | **Druck (Offset)** Medialis, Berlin | **Buchbindung** Buchbinderei Bruno Helm

Begründung sehr gute Arbeit / viele interessante Details / Mischung von Broschur, Hardcover und Schuber

 **Diplom** | Konzeption Mitarbeiterzeitschrift

Titel Einreichung Römerturm Unternehmensgrundsätze | **Auftraggeber** Römerturm Feinstpapier | **Werbeleitung** Sabine Eichenauer | **Agentur** Factor Design AG | **Creative Direction** Johannes Erler | **Text** Joachim Gaida | **Art Direction** Johannes Erler | **Design** Marius Fahrner | **Bildredaktion** Marius Fahrner | **Fotografie** Frank Stöckel | **Satz** Marius Fahrner | **Lithografie** Druckerei Grandt, Hamburg | **Druck** Druckerei Grandt, Hamburg | **Buchbindung** Druckerei Grandt, Hamburg

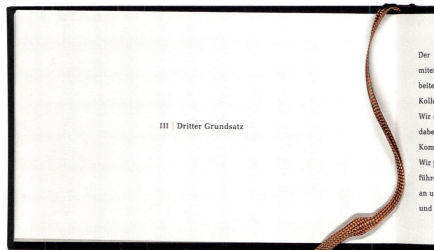

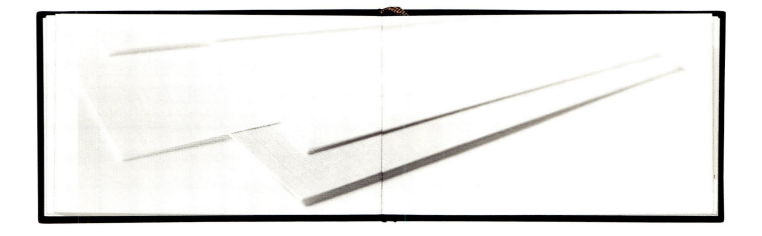

Begründung Handliche, der Unternehmensidentität entsprechende, wertige und fein umgesetzte Form. Nutzbar gemacht durch kleines Format und praktische Zettel zum Herausreißen, was an Papiermusterbücher erinnert.

Diplom | Konzeption Geschäftsbericht

Titel Einreichung Geschäftsbericht 1999 der DG HYP | **Auftraggeber** Deutsche Genossenschafts-Hypothekenbank AG | **Werbeleitung** DG HYP, Volker Schwab | **Agentur** Art Directors Alliance | **Creative Direction** G. Göpfert, M. Schulz | **Text** DG HYP | **Art Direction** G. Göpfert, M. Schulz | **Design** G. Göpfert, M. Schulz | **Bildredaktion** DG HYP, Art Directors Alliance | **Fotografie** Andreas Münchbach Photographer – Hamburg | **Satz** Art Directors Alliance, Druckerei Wilhelm Zertani KG – Bremen | **Buchbindung** Nieth Buchbinderei GmbH – Syke | **Lithografie** Albert Bauer KG Grafische Werkstätten Hamburg | **Druck** Druckerei Wilhelm Zertani KG – Bremen

Begründung Interessanter Magazinstil (im Stil moderner Nachrichtenmagazine); der Aktualitätsbezug weckt zusätzliche Neugier. Durch Nutzung gewohnter Lesestrukturen wird der Geschäftsbericht leserfreundlich.

Diplom | Konzeption PR

Titel Einreichung Image-Broschüre der Messe Bremen | **Auftraggeber** Messe Bremen GmbH | **Werbeleitung** Elvira Kolweyh | **Agentur** Wächter & Wächter Bremen Werbeagentur GmbH | **Creative Direction** Ulrich Schmitz | **Art Direction** Bettina Schulz | **Bildredaktion** Wächter & Wächter Bremen GmbH / Messe Bremen Werbeagentur GmbH | **Fotografie** Bremer Touristik Zentrale; Mauritius. Die Bildagentur; Studio Fromann, Bremen | **Satz** Wächter & Wächter Bremen Werbeagentur GmbH | **Text** Mario Wagner | **Druck** Sturm Druck GmbH, Bremen | **Buchbindung** Sturm Druck GmbH, Bremen | **Lithografie** RPS Reprostudio Bremen GmbH, Bremen

Begründung konzeptionell stark, gute Umsetzung, frisch und jung

Diplom | Fotografie

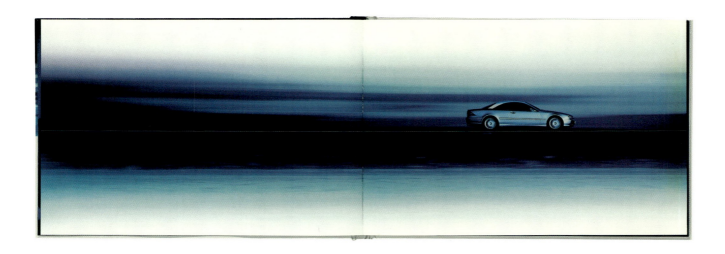

Back to earth.
Wenn Sie nach einer Fahrt mit dem CL wieder festen Boden unter den Füßen spüren, ist es, als erwachten Sie aus einem schönen Traum. Suchen Sie sich einen festen Punkt, etwas, was Ihnen Orientierung gibt. Sie werden es brauchen. Denn gerade sind Sie aus einer anderen Welt zurückgekehrt. Aus der Welt des CL Coupés.

Titel Einreichung Die CL Coupés | **Auftraggeber** DaimlerChrysler AG | **Werbeleitung** Horst von Sanden | **Agentur** E-fact Limited | **Creative Direction** Wolfgang Zimmerer | **Text** Anna van Ommen | **Art Direction** Iain Ross | **Design** Iain Ross | **Fotografie** Willie von Recklinghausen, Daniel Hartz, Gaukler Studios | **Satz** E-fact Production / Paul Jackson | **Lithografie** E-fact Production / David Blundell | **Druck** Gotha Druck, Wechmar | **Buchbindung** Bramscher Buchbinder Betriebe

Begründung In der vorliegenden Arbeit wurden alle Elemente, die in der Werbefotografie nötig sind, wie Licht, Bewegung, Technik, Ausnutzung des Formats, etc. richtungweisend zu einer hochwertigen, innovativen Traumfotografie zusammengeführt. Hier waren Kreative am Werk, die ihr Handwerk verstehen.

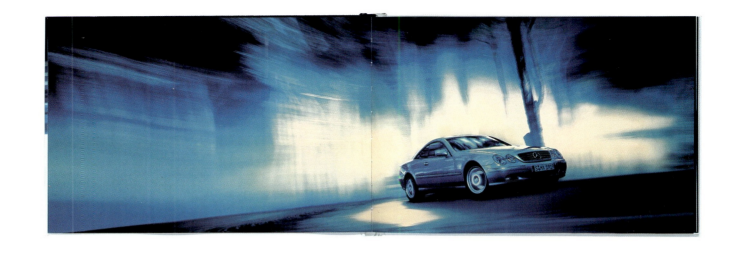

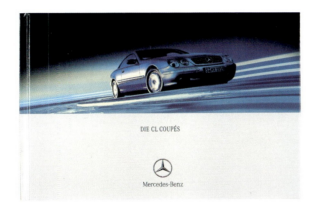

Diplom | Typografie

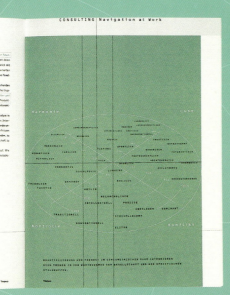

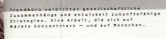

Titel Einreichung Trendbüro Selbstdarstellung | **Auftraggeber** Trendbüro | **Werbeleitung** Stefan Baumann | **Agentur** Büro Hamburg | **Creative Direction** Prof. Peter Wippermann |
Text Dirk Nitschke, Andreas Steinle | **Art Direction** Régine Thienhaus | **Design** Régine Thienhaus | **Bildredaktion** Régine Thienhaus | **Fotografie** Nathaniel Goldberg, Claudia Kempf |
Satz Andrea Junker | **Lithografie** Peter Beyer, Hamburg | **Druck** Dürmeyer GmbH, Hamburg

Begründung Die Typografie unterstreicht den eigenen Anspruch: Trends zu erforschen und zu interpretieren. Eine moderne Selbstdarstellung, die zum Glück nicht ins Modische abgleitet.

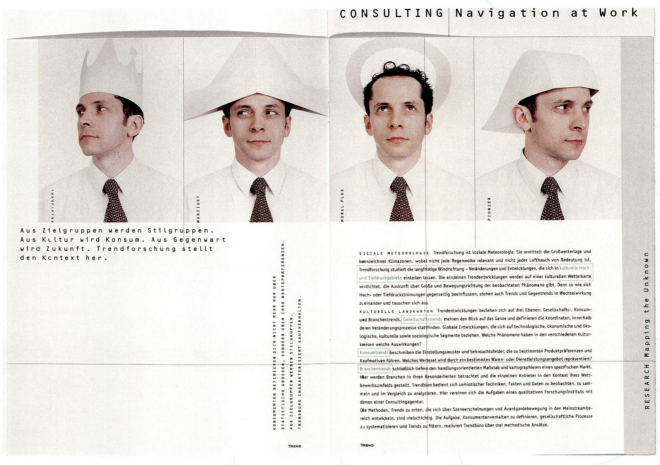

Diplom | Typografie

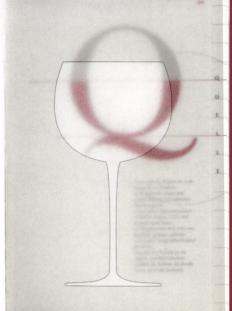
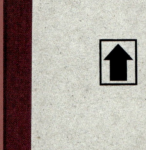
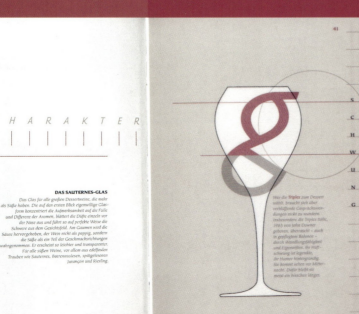

Titel Einreichung Glas:Typen, Form und Funktion – Anatomie einer Leidenschaft | **Auftraggeber** Prokon Verlag, München und Kochan & Partner, München | **Agentur** Kochan & Partner, Werbung, Design und Kommunikation | **Creative Direction** Boris Kochan, Mano Wittmann | **Text** Benjamin Karsunke, Gabriele Werner | **Art Direction** Andreas Kraeh, München | **Satz** Datagraph Digitale Druckvorstufe, München | **Lithografie** Datagraph Digitale Druckvorstufe, München | **Buchbindung** Verlagsbuchbinderei Aßling, Aßling | **Druck** Zelig-Druck, München

Begründung Eine sensible Analogie zwischen Typ und Typen. Ein schöner Dialog zwischen zwei Formen, die scheinbar gar nichts miteinander zu tun haben. So werden Trinkgläser zu mehr als nur zu Behältnissen.

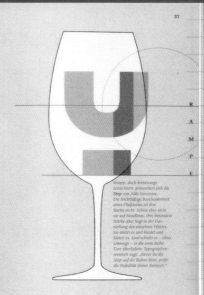

Diplom | Typografie

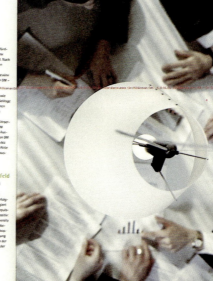

Titel Einreichung Geschäftsbericht 1999 GEWOBA AG | **Auftraggeber** GEWOBA AG | **Agentur** Büro 7 visuelle Kommunikation GmbH | **Text** GEWOBA | **Art Direction** Maya de Silva, Elroy Das | **Design** Maya de Silva, Elroy Das | **Bildredaktion** Büro 7 visuelle Komunikation GmbH | **Fotografie** Thomas Hellmann, Toma Babovic, Thomas Beck, Peter Meyer, Studio B | **Satz** Büro 7 visuelle Kommunikation GmbH | **Lithografie** Wegner GmbH | **Druck** Goihl Druck GmbH | **Buchbindung** Oldenburger Buchbinderei Kramm

Begründung Der im Medium notwendige Umgang mit Mengensatz ist hier hervorragend gelöst. Die Typografie selbst, ihre Größe und ihre Farbigkeit sorgen im Zusammenspiel mit einem flexiblen Satzspiegel für eine sorgfältige Portionierung der Inhalte und damit für einen guten Zugang zu den Informationen.

Diplom | Konzeption PR | Fotografie

Titel Einreichung Taxi-Kalender 2000 | **Auftraggeber** DaimlerChrysler | **Werbeleitung** Andreas Poulionakis | **Agentur** Springer & Jacoby Werbung GmbH | **Creative Direction** Hans-Jürgen Lewandowski, Stephan Ganser | **Text** Nuria Pizan | **Art Direction** Dirk Haeusermann | **Design** Reiner Fiedler | **Fotografie** Angela Bergling, Stefan Indlekofer, Chon Choi, Florian Seidel, Mark Borthwick, Wolfgang Tillmans, Peter Lindbergh, Frederike Hellwig, Gebhard Krewitt, Peter Gehrke, Bernd Euler, Engel & Gielen | **Satz** Type & Picture Hamburg | **Lithografie** BRK Repro Stuttgart | **Druck** Sommerdruck Waiblingen

Begründung Originalität, gute Zielgruppennähe und perfekte Umsetzung

Diplom | Repro Druck

MALEN MIT

DIE JAGD AUF DEN JÄGER

Titel Einreichung NON PLUS ULTRA – Das feine Magazin der Fotografie | **Auftraggeber** Modo Paper GmbH | **Werbeleitung** Edmund Rück | **Agentur** Pantos Werbeagentur GmbH, München | **Creative Direction** Josef Handlos, München | **Text** Klaus Kamphausen | **Art Direction** Ernst Dörfler | **Design** Ursl Noack | **Bildredaktion** Ernst Dörfler | **Fotografie** Markus Menthen, Markus Amon, Bodo A. Schieren, Ralf Richter, John Lund, Bruce Ayres, Antje Anders, Hardwig Klappert, Art Wolfe, Klaus Hagmeier, Matthias Müller, NASA | **Satz** Bernd Hanekamp | **Lithografie** Eder Repros Offset Repro GmbH | **Druck** Graphische Betriebe Eberl GmbH | **Buchbindung** Dollinger GmbH Industrie- und Verlagsbuchbinderei

Begründung Hier wurden, und wie könnte es für einen Papierlieferanten auch anders sein, alle technischen Register im Bereich Repro, Drucktechnologie und Veredelung gezogen. Frequenzmodulierter Raster, wasserloser Offsetdruck, höchst anspruchsvolle Bildmotive für die Reproduktion, Abbildungen aufgebaut aus drei Skalenfarben und zwei Tiefenlithos- sowie eine motivgerechte UV-Lackierung sind hierbei auf hervorragende Weise realisiert worden.

SCHÖN IST

KÜHLE KUNST STATT SCHWERER KOST!

Ein knuspriger Entenbraten mit dunkler schwerer Soße serviert mit Rotkraut und Knödel dazu ein kühles Bier Und zum Dessert Nusstorte mit Sahne natürlich! Eine Menüzusammenstellung die heute ebenso selten auf dem Tisch wie vor der Linse eines Foodfotografen zu finden ist. Die postmodernistische Auffassung von Essen hat sich in den letzten Jahren grundlegend gewandelt. Dazu hat vieles beigetragen unter anderem die Ernährungspostulate der Medizin und vor allem neue Idealbilder gestylter gestählten, gesunden Körpern. Anstelle von Bier wird abends Wasser aus Designerflaschen getrunken. Den dazutretenden Dienstleister der körperlichen Arbeit mit aus seinem Fitnessstudio kennt gelüstet es nach knackigen Salaten jungem Gemüse und salzarmer Kost. Da sich Burgunder-Essstatt wird ersetzt durch Portionen die auf einen Happs zu verzehren sind und als vergängliche Kunstwerke herangeschweht kommen Bei der Zubereitung wird das Gemüse in der Nähe des Naturzustands gehalten. Damit statt fetter Kalorienzufuhr statt Burgundersoße Proteine Mineralien Vitamine spätestens ab Kinder der Reichen gesellschaft wollen Designerkost. Der Wunsch nach ewiger Jugend verlangt ewige Frische auf dem Teller ist diese computerinnart oder mit künstlichen Hormonen vollgepumpt ist nicht zweitrangig. Die kühle Sterilität dieser Fotografie scheint so perfekt mit ihren Ansprüchen nach Fett und Makellosigkeit. Der Schweinekopf mit Apfel im Maul ist endgültig passe. Und die Lust am Essen.

NON PLUS ULTRA

DAS FEINE MAGAZIN DER FOTOGRAFIE

MODO PAPER

Diplom | Repro Druck

Titel Einreichung Verkaufspräsenter BMW Z 8 | **Auftraggeber** BMW AG, München | **Werbeleitung** VM-1 Heinz Klier | **Agentur** A G W GmbH, Die Kommunikations-Agentur | **Creative Direction** Klaus Beckmann | **Text** Jürgen Ahrens | **Art Direction** Alexandra Jakob, Anna Wolf | **Design** Margit Eberlein | **Bildredaktion** Robert Kröschel | **Fotografie** Robert Kröschel | **Satz** A G W GmbH | **Lithografie** Oestreicher & Wagner, München | **Druck** Druckerei Fritz Kriechbaumer, München | **Buchbindung** Druckerei Fritz Kriechbaumer, München

Traum Vision Wirklichkeit

Aus Visionen wird Leidenschaft, aus Leidenschaft Begeisterung. Wenn der Weg vom Traum zur Realität einmal offen ist, gibt es kein Halten mehr. Das Ergebnis ist in Schönheit übersetzte Kraft. Sinnlichkeit und Inspiration auf Rädern. Eine Skulptur des High-Tech-Zeitalters. Der BMW Z8.

Begründung Höchste Qualität bei Litho und Druck haben hier zur Diplomvergabe bewegt. Die Brillanz der Abbildungen vom feinen Metallic-Silber bis hin zum intensivsten Leder-Rot, die sensible Wiedergabe der Lichterzeichnungen im Kontrast zum betont tiefschwarzen Fond dokumentiert hier ausgezeichnete Arbeit. Was der Lithograph begonnen hat, hat der Drucker in diesem Werk mit großem Feingefühl und hohem technischen und handwerklichen Können realisiert. Die gerasterten einfarbigen Bildmotive im Schwarz-Fond verdeutlichen den Anspruch dieser ausgezeichneten Arbeit.

Auch in den lederüberzogenen Überrollbügeln setzt sich das Zusammenspiel aus Farbakzenten und Chrom fort.

Mittelkonsole, Handbremsgriff und der Schalthebel des manuellen Sechsganggetriebes bilden ein stilistisches Ensemble aus einem Guß.

150 → 151 →)

Diplom | Repro Druck

Titel Einreichung Wasser Werke | **Auftraggeber** Mewa Textil-Service AG & Co. | **Werbeleitung** Georg Mackert / Brigitte Gellner-Tarnow | **Agentur** Wensauer & Partner, Ludwigsburg | **Creative Direction** Günther Tibi | **Text** Georg Mackert, Bonnie Narjes | **Art Direction** Günther Tibi, Anette Schenk | **Bildredaktion** Anette Schenk | **Fotografie** Studio Kasper u.a. | **Satz** Typo Z | **Lithografie** Otterbach, Rastatt | **Druck** Studio Druck, Nürtingen | **Buchbindung** Spinner, Ottersweiher

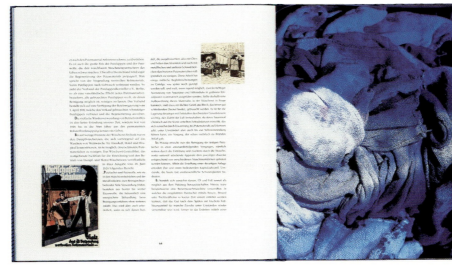

Begründung Brillante, farbstarke Reproduktionen stehen hier im Einklang mit dem Print-Ergebnis. Klein- sowie großformatige Scans in durchgängig hoher Qualität vermitteln dem Leser das Gefühl der Frische und Reinheit.

Diplom | Repro Druck

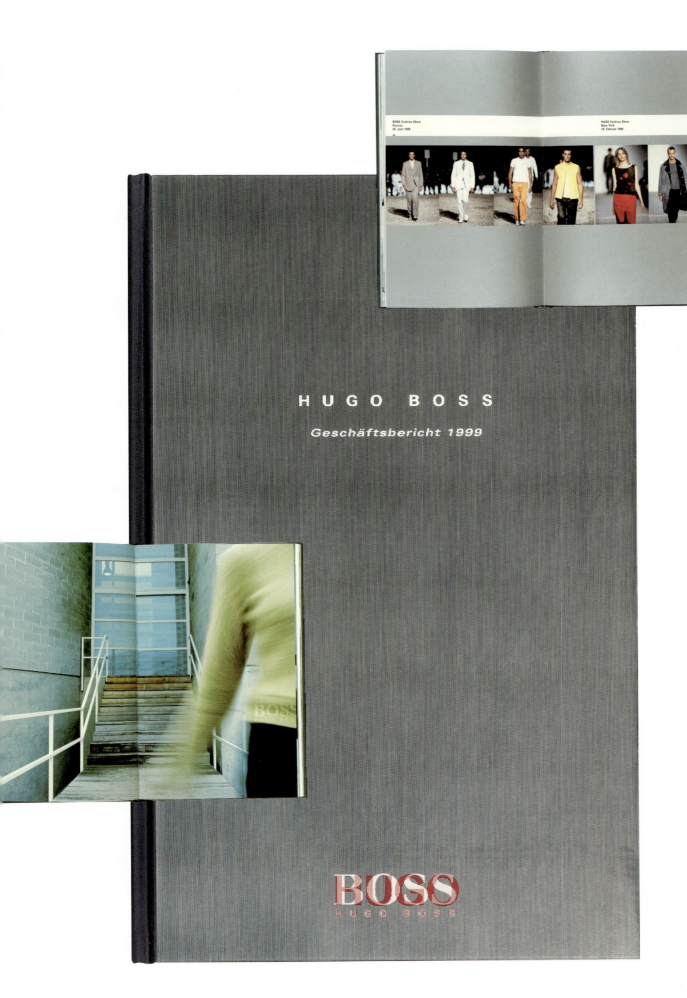

Titel Einreichung Hugo Boss Geschäftsbericht 1999 | **Auftraggeber** Hugo Boss AG, Metzingen | **Werbeleitung** Godo Krämer, Press & Public Relations Officer | **Agentur** Peter Schmidt Studios | **Creative Direction** Norbert Möller | **Text** Hugo Boss AG | **Art Direction** Benjamin Klöck, Jan Klaas Mahler (Formel-1) | **Fotografie** Astrid Grosser (Boss Goes Woman), Matthias Schneider (Formel-1) | **Satz** Final Artwork, Hamburg | **Lithografie** Carl Ruck Reproduktionstechnik, Stuttgart | **Druck** Offsetdruck Raff, Riederich | **Buchbindung** Offsetdruck Raff, Riederich

Begründung Hierbei hat die Jury die elegante und gleichmäßige Wiedergabe des Textteiles in Schwarz und Silber gewürdigt. Auch der Farbteil in diesem Geschäftsbericht zählt mit der Umsetzung in Repro und Druck schon zur herausragenden Kategorie, sodass insgesamt dem Geschäftsbericht ein Diplom verliehen wurde.

Diplom | Grafik Design

Titel Einreichung Geschäftsbericht Lang & Schwarz Gruppe | **Auftraggeber** Lang & Schwarz Gruppe | **Werbeleitung** Almut Röper | **Agentur** in(corporate communication + design GmbH, Bremen |
Creative Direction Almut Röper | **Art Direction** Karsten Unterberger | **Design** Tim Hagedorn | **Bildredaktion** Tim Hagedorn |
Fotografie Thomas Hellmann, Frank Reinhold | **Satz** in(corporate communication + design GmbH, Bremen | **Lithografie** Litho Niemann | **Druck** Asco Druck

Begründung Dieser Bericht überrascht durch sein Format, seine Verarbeitung und sein Design, das für ein Wertpapierhandelshaus ungewöhnlich ist. Hier wird permanenter Arbeitseinsatz visualisiert und nicht das abgehobene Image einer Privatbank.

Diplom | Grafik Design

Titel Einreichung Kabel New Media Unternehmensbericht | **Auftraggeber** Kabel New Media AG | **Werbeleitung** Petra Wetzel | **Agentur** Factor Design AG | **Creative Direction** Tom Leifer, Johannes Erler | **Text** Kabel New Media AG | **Art Direction** Tom Leifer, Johannes Erler | **Design** Christian Tönsmann | **Bildredaktion** Christian Tönsmann | **Fotografie** Alfred Steffen, Christian Tönsmann | **Satz** Christian Tönsmann | **Lithografie** Alphabeta Druckservice, Hamburg | **Produktion** Ralf Schweizer | **Buchbindung** Ralf Schweizer | **Begründung** Die Vielschichtigkeit und die Dreidimensionalität des Themas wird mit einem außergewöhnlichen Umgang von Grafik und Grafiken auch für Außenstehende begreifbar gemacht.

Diplom | Grafik Design

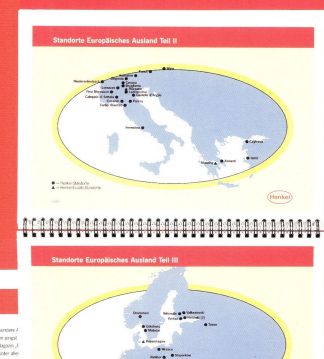

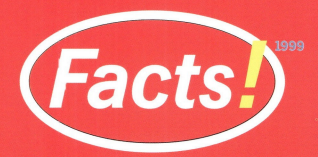

Titel Einreichung Factbook | **Auftraggeber** Henkel KGaA / Corporate Communications und Investor Relations | **Projektleitung** Volker Krug, Corporate Communications | **Agentur** Kuhn, Kamman & Kuhn GmbH, Köln | **Creative Direction** Klaus Kuhn | **Text** Anke Meier, Volker Krug (Henkel KGaA), Randolf Jandt, Duisburg | **Art Direction** Jan van Endert, Gunnar Collier | **Design** Jan van Endert, Mathias Wegeler | **Satz** Zerres-Satz GmbH, Leverkusen | **Lithografie** Zerres-Satz GmbH, Leverkusen | **Druck** Schotte, Krefeld | **Buchbindung** Schotte, Krefeld

Begründung Ein adäquater Auftritt, der die werbliche Ausrichtung des Unternehmens in der Finanzkommunikation widerspiegelt. Die Kraft der Produkte und der Produktkommunikation findet sich in der Präsentation der Fakten und Zahlen über das Unternehmen wieder.

Diplom | Grafik Design

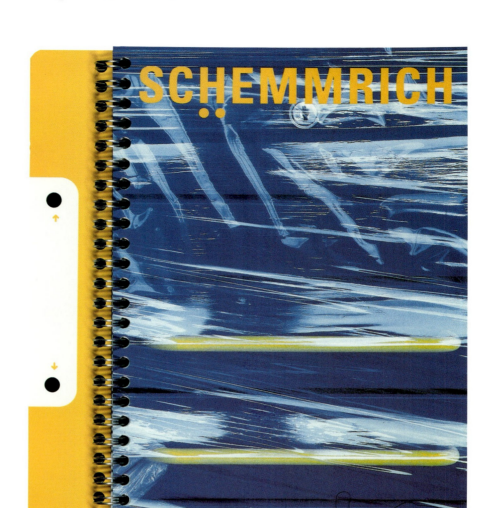

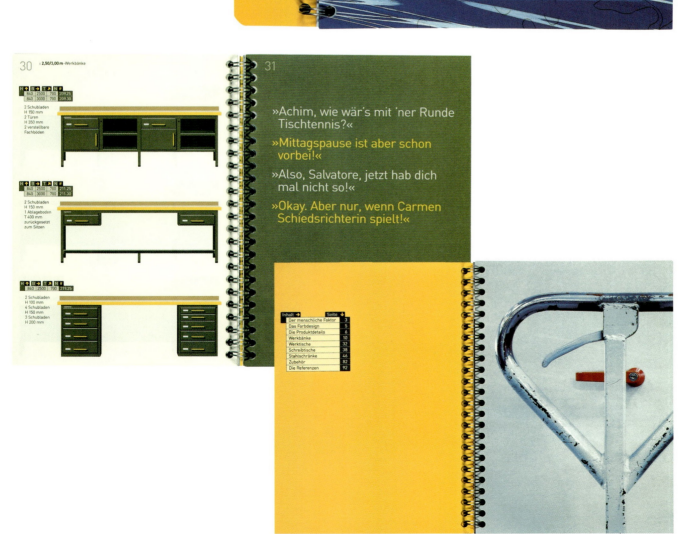

Titel Einreichung Schemmrich Katalog | **Auftraggeber** Schemmrich KG | **Werbeleitung** Karl-Ludwig Schemmrich | **Agentur** Hesse Designstudios | **Text** Peter Oprach, Carolin Niemann | **Art Direction** Klaus Hesse | **Design** Carolin Niemann | **Illustration** Verena Landgraf | **Fotografie** Christian von Alvensleben, Andreas Körner | **Satz** Carolin Niemann | **Druck** Servicedruck Kleinherne | **Buchbindung** Servicedruck Kleinherne

Begründung Durch die Präsentationsform wird ein scheinbar profanes Produkt zur Marke. Es erfährt eine Aufwertung, die dem Produkt-Design und der Firmenphilosophie gerecht wird. Starke Bilder und sachliche, knappe Produktinformationen erleichtern extrem den Zugang zur Bestellung.

Diplom | Grafik Design

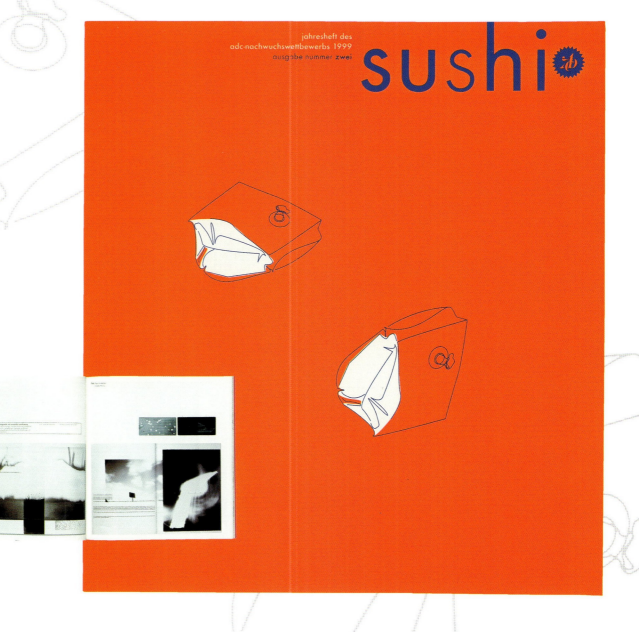

Titel Einreichung ADC-Sushi | **Auftraggeber** Art Directors Club für Deutschland e.V. | **Werbeleitung** Elly Koszytorz, Angelika Böse | **Agentur** Hochschule für Gestaltung Offenbach am Main | **Creative Direction** Klaus Hesse, Delle Krause | **Textredaktion** Markus Bernatzky | **Art Direction** Kai Bergmann, Markus Bernatzky, Andrea Eicke | **Design** Kai Bergmann, Markus Bernatzky, Andrea Eicke | **Fotografie** Michael Habes | **Satz** Kai Bergmann, Markus Bernatzky, Andrea Eicke | **Lithografie** Gruner & Jahr | **Druck** Gruner & Jahr | **Buchbindung** Gruner & Jahr

Begründung Die ungezwungene und frische Präsentation von ADC-Junior-Arbeiten durch Studenten lässt erwarten, dass die jetzigen Gestalter selbst einmal in dieser Broschüre vertreten sein werden.

1. KAPITEL Wasserlacke

Um bei seinen Freundinnen aufzufallen, schillert der Apollofalter von Perlmutt bis Magmarot. Um diese Farbenpracht zu erlangen, belastet er weder die Luft, noch hinterläßt er sonst irgendwelche Ozonlöcher. Er wird einfach bunt geboren.

...utomobils haben
...geblich zur
...Umweltschutzes
...agen.

...ntwicklung unserer Autos und Servicestützpunkte
...einzubauen.
...n Sie in den folgenden 6 Kapiteln.

Autos sind von Geburt an grau.

UM SIE UMWELTSCHONEND ZU LACKIEREN, VERWENDET MERCEDES-BENZ WASSERLACKE.

Immer häufiger kommen diese Lacke auch bei der Reparatur der Fahrzeuge zum Einsatz.

▶ Das Lack- und Karosseriezentrum Ludwigsfelde (Berlin) beispielsweise benutzt schon seit Anfang 1998 nur noch Wasserbasislacke. Mit großer Zufriedenheit. Denn die Umstellung von herkömmlichem Basislack auf Wasserlack verlief reibungslos. Die Geräte blieben die gleichen. Und die dreißig Mitarbeiter in der Lackierung konnten sich problemlos darauf einstellen.

▶ Das Geheimnis von Wasserlack ist gar keins: Anstelle von organischen Lösemitteln besteht Wasserlack hauptsächlich aus Wasser. Im Vergleich zu konventionellem Lack wird der Anteil an Lösemitteln um fast 90% gesenkt. Das bedeutet viel geringere Emissionen – ohne Qualitätseinbuße. Und für die Anwender heißt das angenehmeres Arbeiten. Denn Wasserlacke riechen nicht so penetrant. Unsere Lackierer gehören schließlich auch zur Umwelt.

Titel Einreichung Der Umweltschutzjahresbericht 1999 von Mercedes-Benz | **Auftraggeber** DaimlerChrysler | **Werbeleitung** Axel Rühl, Claudia Schöttle | **Agentur** Scholz & Friends Berlin | **Creative Direction** Martin Pross, Joachim Schöpfer | **Text** Benedikt Göttert | **Beratung** Dirk O. Everson, Gundula Effner | **Bildredaktion** Sandra Pino | **Satz** Appel Grafik, Berlin | **Lithografie** Netzwerk P | **Druck** Netzwerk P

▶ WIE ES SICH GEHÖRT.

Der Umweltschutz-Jahresbericht 1999 schont die Umwelt.

Mercedes-Benz

Als Erfinder des
wir auch m
Erfindung des
beige

▶ Seither fühlen wir uns verpflichtet, bei der
den Umweltsch
Wie gut uns das 1998 gelungen

Diplom | Grafik Design

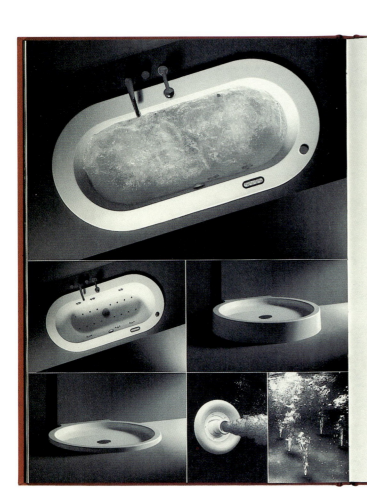

Titel Einreichung Das „Starck-Bad-Buch" | **Auftraggeber** Duravit / Hoesch / Hansgrohe | **Projektleitung** Mathias Schott, Duravit AG | **Agentur** Werbung etc. Werbeagentur AG | **Creative Direction** Dieter Brucklacher, Hans-Jürgen Fein | **Text** Andreas Sauer | **Art Direction** Hans-Jürgen Fein | **Produktdesign** Philippe Starck | **Fotografie** Rudi Schmutz

Begründung Von der emotionalen bis zur technischen Präsentation besticht die Broschüre durch eine hervorragende Durchgängigkeit. Der gekonnte Umgang mit unterschiedlichen Sprachen unterstützt das Gesamtdesign.

Diplom | Grafik Design

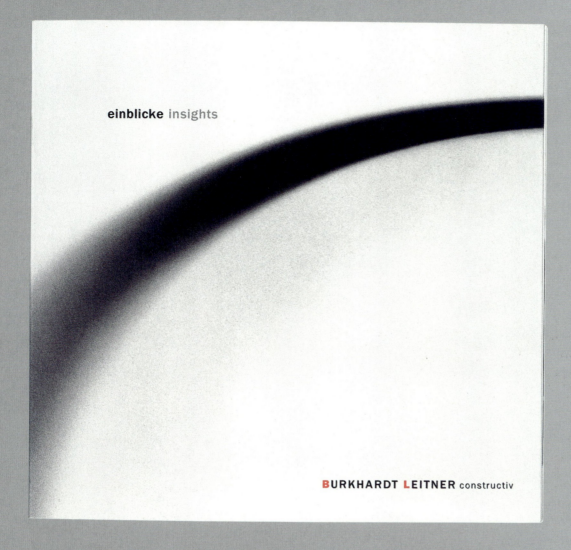

Titel Einreichung Unternehmensbroschüre »einblicke« | **Auftraggeber** Burkhardt Leitner constructiv | Modulare Räume, Stuttgart | **Agentur** Fleischmann & Kirsch Studio für visuelle und verbale Kommunikation, Stuttgart | **Text** Ulrich Fleischmann | **Übersetzung** Hendrik Zaadstra, Stuttgart | **Design** André Kirsch | **Fotografie** Peer-Oliver Brecht, Steinenbronn | **Satz** André Kirsch | **Druck** Leibfarth + Schwarz, Dettingen/Erms | **Buchbindung** Idupa Schübelin, Owen | **Lithografie** Einsatz Creative Production, Hamburg

Begründung Burkhardt Leitner ist nicht nur Inhaber und Designer, er steht auch für die Geradlinigkeit von Produkt und Programm. Diese Broschüre ist ein hervorragendes Spiegelbild. Pur, sachlich und doch überaus emotional.

Werkstattbericht Workshop Report

Gemeinsam mit dem Vitra Design Museum schrieben wir 1999 einen internationalen Wettbewerb für Studenten aus. In einwöchiger Teamarbeit unter Leitung Michael Daubners erhielten die Gewinner im Rahmen des Vitra-Sommer-Workshops Einblick in Designprozesse zur Entwicklung modularer, architekturbildender Raumsysteme. »Werkstatt« war ein abgeschiedenes, französisches Landgut. Hier kam es nicht nur zur interdisziplinären Zusammenarbeit aller Projektgruppen, sondern auch zur Begegnung unterschiedlicher Kulturen und Generationen – von jugendlichem (Leicht)Sinn im Entwerfen und der (Serien)Reife unternehmerischer Erfahrung. Nachwuchsförderung als ganz persönliches Erlebnis – das verdient eine Fortsetzung. Versprochen.

Together with the Vitra Design Museum, we ran an international competition for students in 1999. In a week of teamwork under the supervision of Michael Daubner during the Vitra Summer Workshop the winners gained insights into the design processes for developing modular and architecture-creating spatial systems. The "workshop" was a secluded French farmstead, where not only interdisciplinary cooperation between all the project groups took place, but also encounters between different cultures and generations – from youthful and carefree lightness in design to the more solid results born of entrepreneurial experience. Promoting new talent as a very personal experience – that's something that deserves to be continued. It's a promise.

Verantwortung ist Ausgangspunkt unserer Produktentwicklung. Ökologische Verantwortung heißt Reduktion auf das Wesentliche durch minimalen Materialeinsatz, meint Ressourcenschonung durch in Design und Material langlebige Produkte. Die Zusammenarbeit mit regionalen Lieferanten garantiert kurze Transportwege, aber auch effektives und persönlich geprägtes Qualitätsmanagement. Ökonomische Verantwortung gegenüber dem Kunden heißt Kostenreduktion durch beliebig veränderbare, also wiederverwendbare Messestände. Kulturelle Verantwortung aber bedeutet uns, die Tradition von Bauhaus und Ulmer Schule in zeitgemäßer Form fortzusetzen. Und damit die »Moral der Dinge« anzuerkennen.

Diplom | Grafik Design

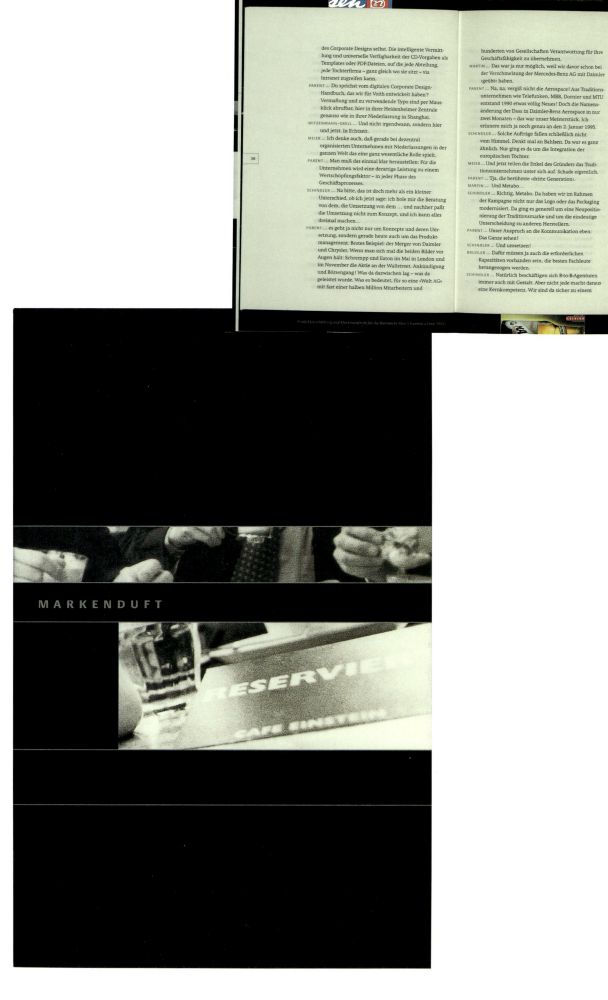

Titel Einreichung Markenduft | **Auftraggeber** Schindler, Parent + Cie Advance GmbH | **Werbeleitung** Wolfgang Brudler | **Agentur** Schindler, Parent & Cie. | **Creative Direction** Jean-Claude Parent | **Text** Christoph Siwek | **Art Direction** Jörg Bluhm | **Fotografie** Stefanie Sudek | **Satz** Schindler, Parent & Cie. | **Lithografie** Schindler, Parent & Cie. | **Druck** Druckerei Eberl, Immenstadt | **Buchbindung** Druckerei Eberl, Immenstadt

Begründung Auf subtile Weise wird hier der Leser in die Duftwelt von Marken entführt. Er ist mitten in der kleinen Geschichte und wird grafisch und typografisch erstklassig geführt.

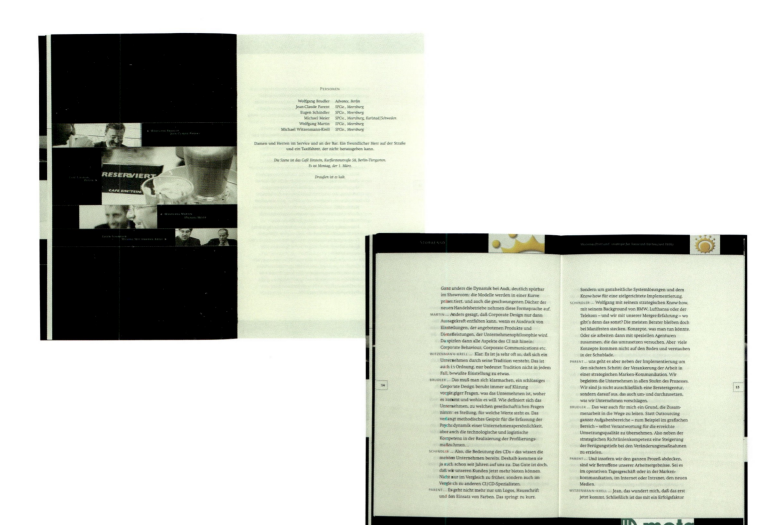

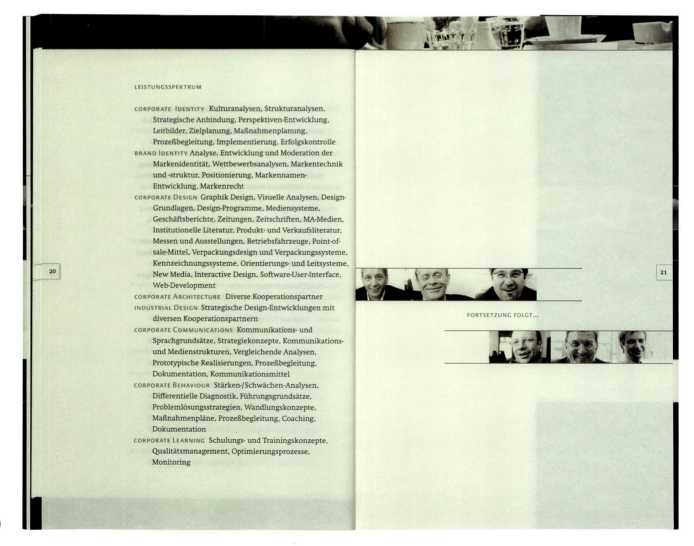

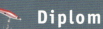 **Diplom** | Grafik Design

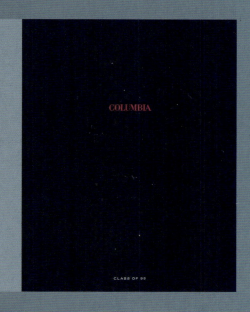
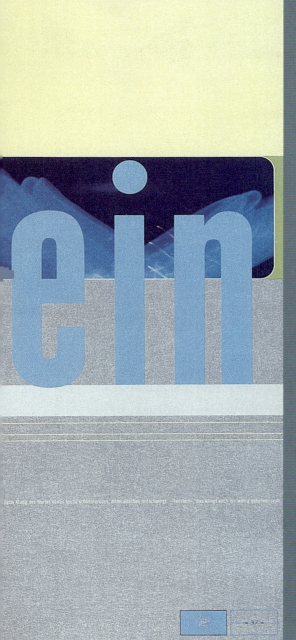

Titel Einreichung Class of 99 | **Auftraggeber** Columbia Records a Division of Sony Music Entertainment Germany | **Agentur** NORDISK. BÜRO. GmbH | **Creative Direction** Frank Lottermann | **Art Direction** Wiebke Kress | **Design** Wiebke Kress, Frank Lottermann, Lorenzo Bizzi | **Satz** Wiebke Kress, Frank Lottermann | **Buchbindung** Fikentscher Großbuchbinderei, Darmstadt | **Lithografie** Colour Connection, Frankfurt am Main | **Druck** Universitätsdruckerei und Verlag H. Schmidt, Mainz |

Begründung Die Gestaltung nimmt gelungenen Bezug auf die Stilrichtung und die Eigenheiten jedes einzelnen Interpreten. Unaufdringlich und doch eindringlich. Bei der sparsamen Typografie steht die Lesbarkeit leider im Hintergrund.

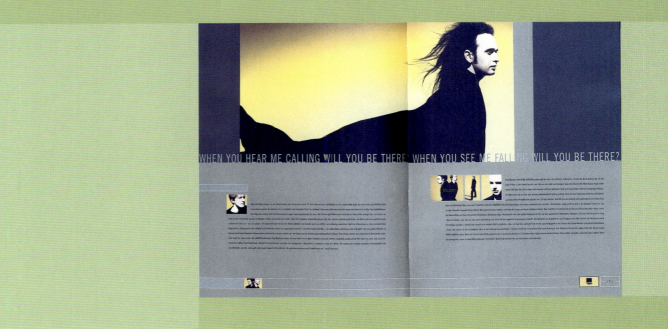

Gefärbt und gestrickt worden bin ich aber in China. Da hatte ich schon meine erste Schiffsreise hinter mir – obwohl ich damals noch nicht aussah wie ein Pulli.

Mein richtiges Leben begann, als mich eine reizende junge Frau zusammen mit vielen Kollegen, die genau so aussahen wie ich, auf eine Stange schob. Da war ich ein Pulli, aber ich wusste noch nicht, für wen.

Ich weiß nur, dass ich in einem schönen großen Hafen mit vielen Frachtschiffen und bunten Containern auf eine lange Reise nach Europa geschickt wurde.

Dort wurden wir Pullis aufgeteilt für viele verschiedene Warenhaus-Filialen. Ich selbst sollte nach Düsseldorf – zusammen mit Verwandten in anderen Größen und in anderen Farben. Aber zuvor machten sie uns in diesem Branchenzentrum fix und fertig für den Verkauf – mit Preis und allem.

Unter anderem bekamen wir ein Klötzchen angehängt. Das war lästig; aber später erfuhren wir, dass es wichtig war. So konnten wir im Kaufhaus nicht gestohlen werden. Das Klötzchen piept nämlich, wenn jemand das Warenhaus verlässt, aber nicht bezahlt hat.

LOGISTIK

Ein Pulli plaudert

EINE GESCHICHTE AUS DEM WA(H)REN LEBEN

Titel Einreichung Ein Pulli plaudert | **Auftraggeber** KarstadtQuelle AG / Konzernkommunikation | **Werbeleitung** Susanne Drensler-Plümacher | **Agentur** commedia | **Creative Direction** Dr. Dagmar Gaßdorf | **Text** Dr. Dagmar Gaßdorf | **Art Direction** Herbert Schaar | **Design** Herbert Schaar | **Satz** Isabel Saba | **Lithografie** PPS | **Druck** PPS | **Buchbindung** PPS

Begründung Dass der Konzeptidee PIXI-Buch (Sie erinnern sich? Kleine Bilderbüchlein, die man beim Kaufmann bekam. Über Hexi die Maus und so. Gibt's die eigentlich noch?) sofort Sympathien zufließen, ist ja noch nicht verwunderlich. Dass diese Idee eine so trockene Sache wie die Lagerhaltung bei Karstadt (der Kaufmann, bei dem man jetzt dieses PIXI-Buch" bekommt) transportiert, schon eher. Und dass die kleine Geschichte über einen Pulli diesen Spagat schafft und auch gerne zu Ende gelesen wird, ist schon ein Diplom wert.

Diplom | Text Werbung

WÜRDE IM ALTER

CURANUM

UNTERNEHMENSPORTRÄT DER CURANUM AG

Titel Einreichung Curanum AG Image Broschüre | **Auftraggeber** Curanum AG, München | **Vorstand** Bernd Scheweling | **Agentur** Beithan, Heßler Werbeagentur GmbH, Frankfurt am Main | **Creative Direction** Jochen Beithan, Peter Heßler | **Art Direction** Christine Elsässer | **Fotografie** Erik Dreyer und Hartmut Nägele, Wiebke Leister | **Satz** Esref Saka, Workshop Beithan, Heßler | **Lithografie** Haussmann Reprotechnik, Darmstadt | **Druck** Druckerei Willeken, Düsseldorf | **Buchbindung** Druckerei Willeken, Düsseldorf

Begründung 99 Prozent aller Texter hassen solche Aufgaben: Broschüren für die Börseneinführung eines Unternehmens. Das ist Business to Business. Und heißt: Klartext. Also immer schön sachlich leiben. Und genau das tut diese Broschüre. Das Besondere? Das Diplomwürdige? Das Unternehmen betreibt Alten- und Pflegeheime. Und trotzdem wird der sehr sachliche Text niemals als unpassend empfunden bzw. zynisch empfunden. Er setzt sich der Peinlichkeit aus, an das Gewissen des Investors zu appellieren. Der schnörkellose Text trifft wie mühelos immer den richtigen Ton. Broschürenschreiberisch gesehen: Handwerk vom Feinsten.

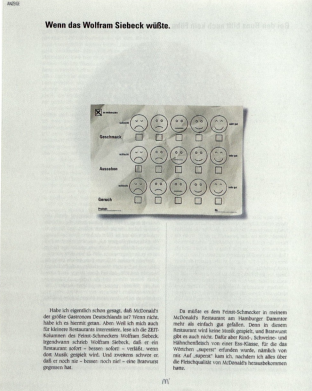

Begründung Allein die Headline ist ein Diplom wert. Die ewige Frage „Was schreib' ich außen drauf, damit die Leute auch weiterlesen?" ist hier unnachahmlich klug und witzig gelöst. Eigenschaften, die auch das Essay im Innenteil für sich in Anspruch nehmen kann. Danke für einen Text, der einen wieder zum Leser macht.

Wenn Sie diese Seiten in den Papierkorb werfen, weiß Ihr Papierkorb mehr als Sie.

Diplom | Text Werbung

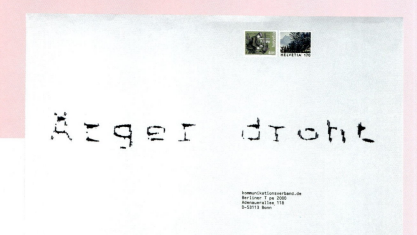

Ärger droht

Wer fährt Boot?

Werbeverbot   Quer, Idiot

Titel Einreichung Erdbeerrot | **Auftraggeber** LithoScan AG | **Werbeleitung** Rolf Schindler | **Agentur** Adwerb Werbeagentur AG | **Creative Direction** Jürg Stierli | **Text** Peter Motter | **Art Direction** Peter Motter | **Satz** Adwerb | **Lithografie** LithoScan AG | **Druck** Niedermann AG | **Buchbindung** Niedermann AG | **Design** Peter Motter

Erdbeerrot

Erdbärkot

Zwergozelot   Derrick tot

it Qualität auf der Strecke zu bleiben

oder Punktzuwachs bestimmt sind, wird farblich korrigiert und gescannt. Weil man Kurven nur dann richtig nimmt, wenn man weiss, wohin die Strasse führt.

Meist führt sie via Filmbelichtung zum Offsetdruck. Wir empfehlen den kleinen Umweg über Analog-Proofs. Die Aussicht lohnt sich. Die Abkürzung über Computer-to-Plate

Begründung Mutig und gescheit, für Bilder mit Schrift zu werben. Zumal der Text hier sowohl Bild als auch Konzept ist, Optik und Inhalt zugleich. Die Information kommt klar und schnell zum Punkt. Und schmunzeln darf man dabei auch noch.

Bronze

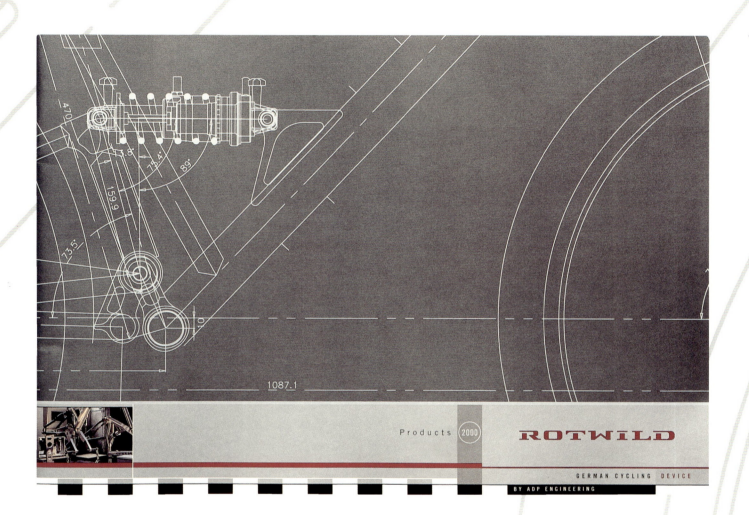

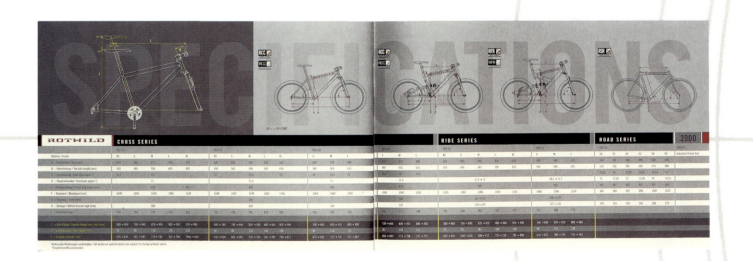

Titel Einreichung Verkaufskatalog 2000 des Fahrradherstellers ADP-Rotwild | **Auftraggeber** ADP-Rotwild | **Agentur** Simon & Goetz Design GmbH & Co.KG | **Text** ADP-Rotwild | **Art Direction** Thorsten Traber | **Design** Thorsten Traber | **Fotografie** ADP-Rotwild

Begründung Das Kommunikationsziel ist optimal auf Zielgruppe ausgerichtet. Die Aufnahmen sind auf das Produkt reduziert. Es wird der emotionale Transfer mit den technischen Innovationen hergestellt.

Bronze

Ich suche was, wo's auch mal ruhig ist.

Titel Einreichung Immoseek Beihefter | **Auftraggeber** HypoVereinsbank, Germany | **Werbeleitung** Dirk Huefnagels | **Agentur** Wieden + Kennedy, Amsterdam | **Creative Direction** Jon Matthews, John Boiler | **Text** Richard Gorodecky, Marc Wirbeleit | **Art Direction** Irene Kugelmann | **Fotografie** Mark Borthwick | **Satz** Harm-Jan van der Mark | **Druck** Gravo Offset, Monnickendam

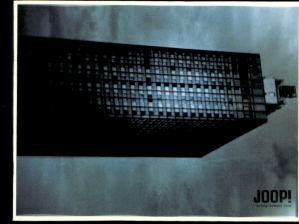

Titel Einreichung Joop! Kollektion F/S 2000 | **Auftraggeber** Joop! GmbH, HH | **Werbeleitung** Petra Börner, Silvia Bussert | **Fotografie** Karel Kühne & Bela Barnert | **Agentur** Leonhardt & Kern Werbung GmbH | **Creative Direction** Uli Weber | **Art Direction** Beate Theil, Walter Fischer | **Buchbindung** Buchbinderei Heimerdinger | **Produktion** Marc Röder | **Lithografie** recom | **Druck** Offset-Druckerei Grammlich |

Bronze

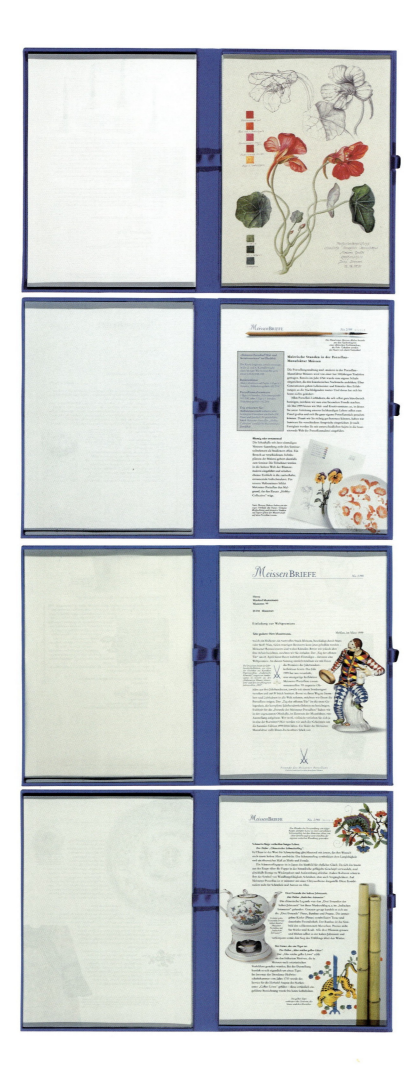

Titel Einreichung Meissen-Briefe | **Auftraggeber** Staatliche Porzellanmanufaktur Meissen | **Werbeleitung** Susanne Träger, Wolfgang Kolitsch, Meissen | **Agentur** Scholz & Friends Literatur, Berlin | **Creative Direction** Olaf Schumann | **Text** Ulrike Schlott, Gesine Wulf | **Art Direction** Nanda Naumann, Claudia Driessler | **Design** Kerstin Heymnach | **Beratung** Michael Schmidt, Michael Schulze | **Bildredaktion** Sandra Pino, Andrea Wendt | **Fotografie** Matthias Koslik, Philipp Götz, Klaus Tänzer | **Satz** Appel Grafik, Berlin | **Lithografie** Appel Grafik, Berlin | **Druck** Borek Kommunikation, Braunschweig | **Buchbindung** Atelier Ria Tiemeyer, Berlin

Begründung Markenadäquater Auftritt, zielgruppengerechte Darstellung (wertige Aufbereitung des Markenkerns, hohe Produktaffinität).

Bronze

Titel Einreichung Geschäftsbericht 1998 Haindl Papier GmbH, Augsburg | **Auftraggeber** Haindl Papier GmbH, Augsburg | **Werbeleitung** Elard von Wedel (Finanzen), Wolfgang Oberressl (Öffentlichkeitsarbeit) | **Agentur** Ogilvy & Mather Special, Düsseldorf (www.omspecial.de) | **Creative Direction** Martin Tafel | **Art Direction** Stéphanie Beaugrand, Katja Brunner, Haindl Papier GmbH | **Design** Stéphanie Beaugrand, Katja Brunner | **Text** Jörg Bredendieck (O&MS), Haindl Papier GmbH | **Fotografie** Bernd Hoff, Andreas Bednareck, Boris Zorn, alle Düsseldorf | **Lithografie** Laser Litho4, Düsseldorf | **Satz** Laser Litho4, Düsseldorf | **Druck** Schoder Druck, Gersthofen

Begründung Motto: Papier, das die Welt bewegt. Sinnvolle und griffige Einordnung in ein gesellschaftliches Umfeld anhand von führenden Presseerzeugnissen der westlichen Welt.

(116 → 117)

Bronze

Titel Einreichung The A-Class book „Think" | **Auftraggeber** DaimlerChrysler AG | **Werbeleitung** Horst von Sanden | **Agentur** Springer & Jacoby International | **Creative Direction** Kurt Georg Dieckert, Stefan Schmidt | **Text** Thomas Chudalla, Alexander Jaggy | **Art Direction** Antje Hedde | **Illustration** Henry Obasi | **Fotografie** Julian Broad, Colin Gray, Mischa Haller, Martin Parr, Terry Richardson

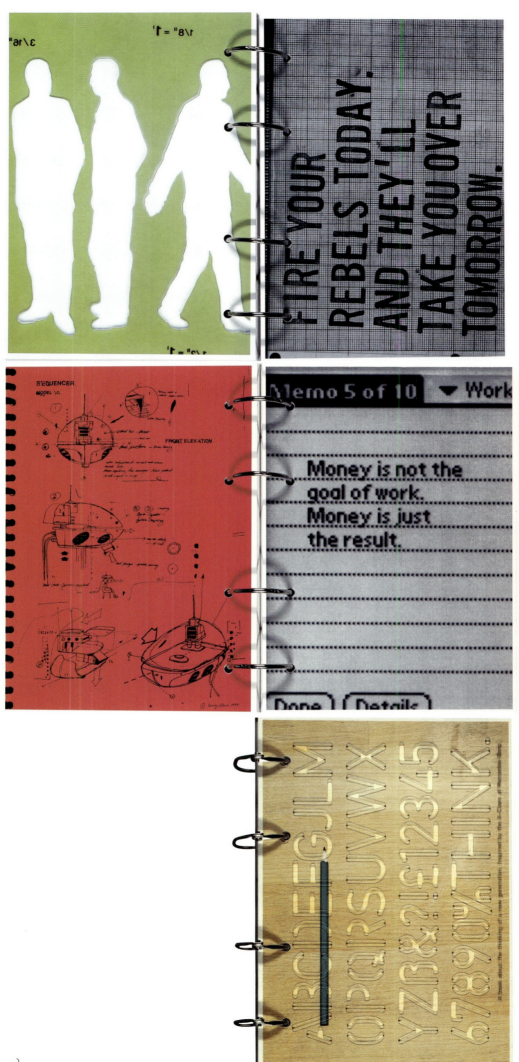

Begründung mutig / jung / ungewöhnlich / auffällig / verspielt

Bronze

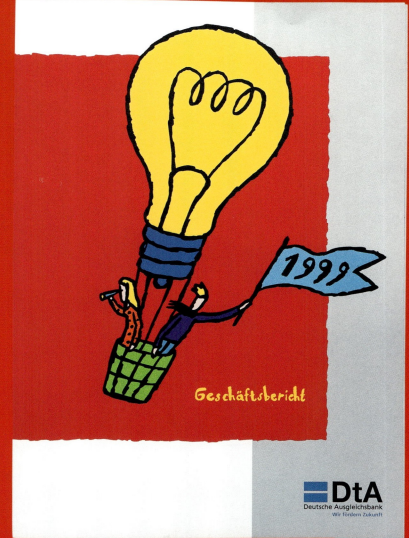

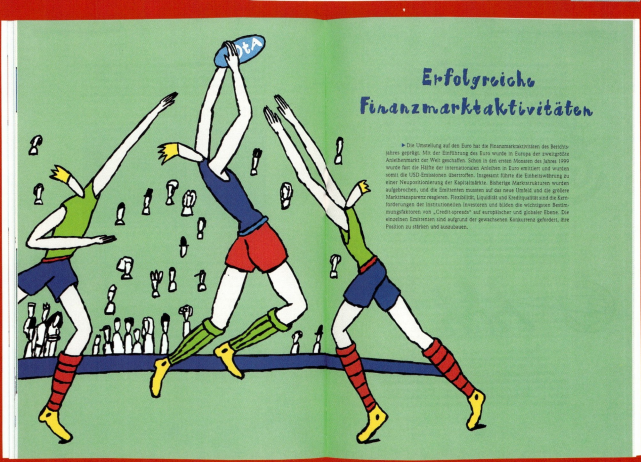

Titel Einreichung DtA Geschäftsbericht '99 | **Auftraggeber** Deutsche Ausgleichsbank | **Werbeleitung** Donata Gaber | **Agentur** MERZ Düsseldorf | **Creative Direction** Jürgen Erlebach | **Text** Michael Seyler | **Art Direction** Jürgen Erlebach | **Illustration** Kitty Kahane | **Satz** MERZ | **Lithografie** Plitt | **Druck** Plitt

Begründung Optimale Ansprache der Zielgruppe „junge Existenzgründer." Gelungene Darstellung des Unternehmens als aufgeschlossener und moderner Finanzdienstleister. Schwerpunktthema: Vorgründungsberatung und Start-ups; gute Gliederung.

Lagebericht

Kundenorientierter Dienstleister

Die DtA hat sich von einem Spezialinstitut zur Eingliederung von Vertriebenen und Flüchtlingen zur führenden Förderbank des Bundes für Existenzgründer und junge Unternehmer entwickelt. 50 Jahre nach der Gründung ist sie ein anerkannter Markt- und Meinungsführer in der Gründungsszene. Ihre Förderprodukte setzen Maßstäbe in ganz Europa.

 Silber

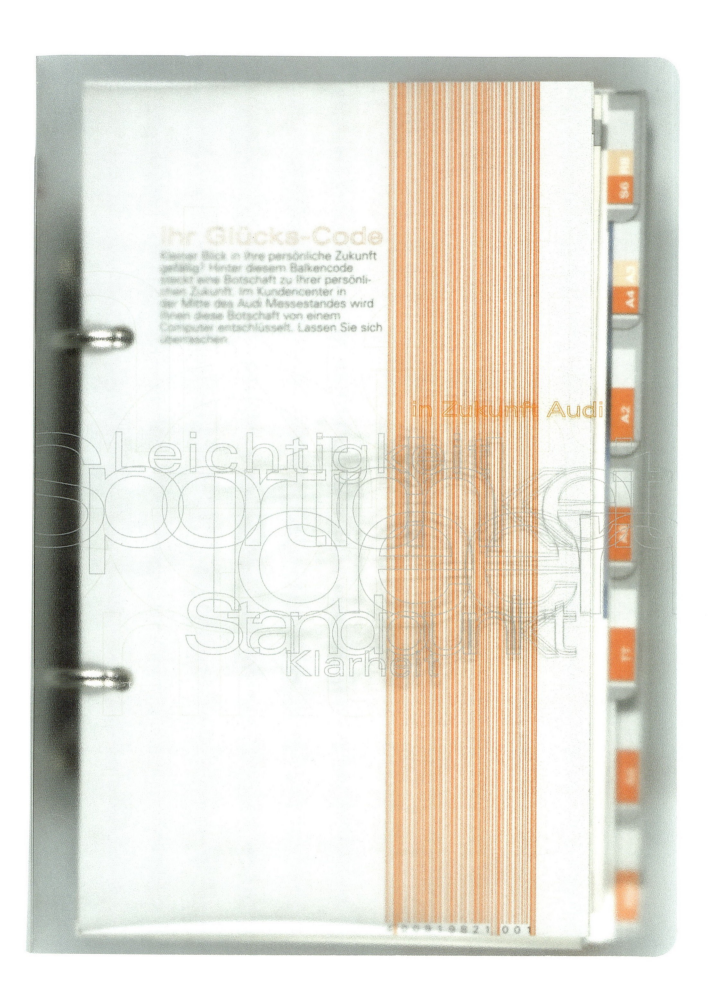

Titel Einreichung Audi Besucherportfolio – Messe IAA 99 | **Auftraggeber** Audi AG | **Agentur** KMS | **Creative Direction** Michael Keller | **Text** Wolf Bruns | **Art Direction** Sabine Thernes | **Design** Sabine Klein, Simone Moll | **Fotografie** Marek Vogel | **Buchbindung** Friedrich Schmücker GmbH **Satz** KMS | **Lithografie** Color Lux, Verona | **Druck** Friedrich Schmücker GmbH

Begründung Exzellentes Besucher-Bindungskonzept. Teil eines integrierten Konzepts. Messefahrplan in handlicher Form – man wird ihn aufbewahren.

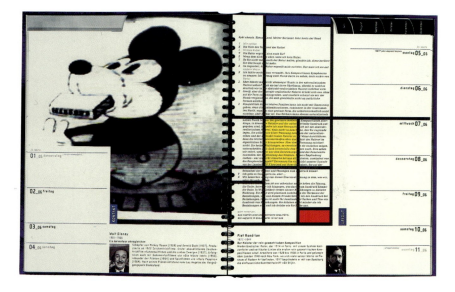

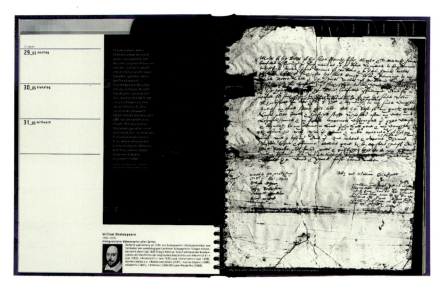

Titel Einreichung Die Millennium-Agentur | **Auftraggeber** BerlinDruck | **Werbeleitung** Reinhard Berlin | **Agentur** moskito Kommunikation und Design | **Creative Direction** Eckard Christiani, Axel Stamm | **Text** Axel Stamm, Jürgen W. Konrad | **Art Direction** Eckard Christiani | **Design** Peter Korthals | **Bildredaktion** Eckard Christiani, Axel Stamm | **Fotografie** Diverse | **Satz** BerlinDruck | **Lithografie** Reproteam | **Druck** BerlinDruck | **Buchbindung** BerlinDruck, Buchbinderei Decker & Meyer, Stuttgart

Begründung Die Köpfe des Jahrhunderts/Jahrtausends werden in einer originellen, unterhaltsamen und lehrreichen Art umgesetzt. Hoher Nutzwert in exzellenter Ausführung. Erlebnischarakter; guter Transfer zwischen Kernkompetenz und Zielgruppen-Nutzen.

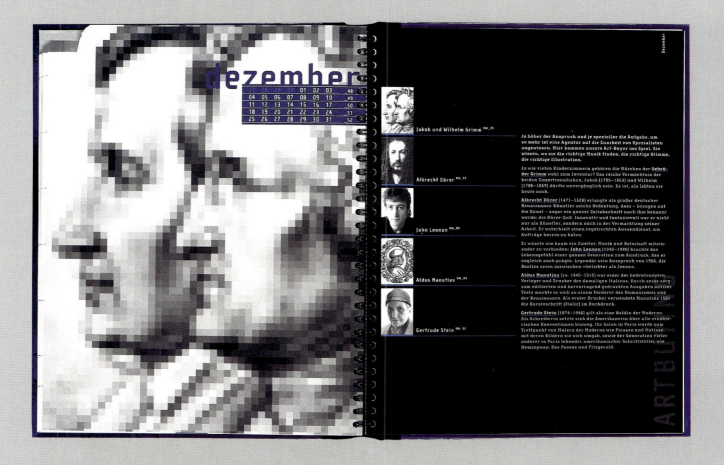

 Silber

 Berliner Stadtreinigungsbetriebe

Titel Einreichung BSR 1999 Geschäftsbericht | **Auftraggeber** Berliner Stadtreinigungsbetriebe | **Unternehmenskommunikation** Sabine Thümler | **Agentur** Rother Plus WA GmbH | **Beratung** Joachim Rother, Michael Zarth | **Text** Markus Kraatz | **Art Direction** Michael Schuster | **Typographie** Michael Schuster | **Fotografie** Hartwig Klappert, Berlin | **Lithografie** Highlevel Berlin | **Druck** Druckerei H. Schlesener KG, Berlin | **Buchbindung** Buchbinderei Hans Stein, Berlin

Begründung Sehr menschliche Umsetzung der CI. Reportage-Einschübe. Das Thema wird interessant nahe gebracht.

 **Silber**

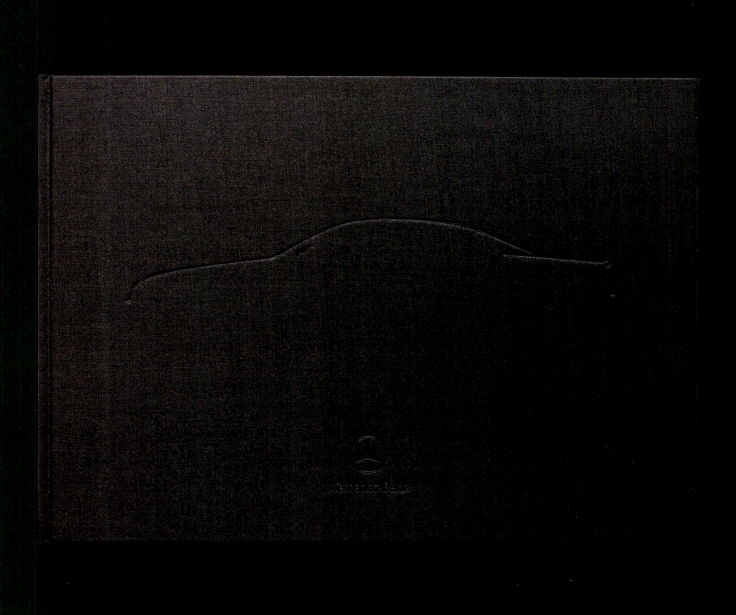

Titel Einreichung Alle Dinge entstehen zweimal | **Auftraggeber** DaimlerChrysler AG | **Werbeleitung** Horst von Sanden | **Agentur** E-fact Limited | **Creative Direction** Wolfgang Zimmerer, Garry Mouat | **Text** Anna van Ommen | **Art Direction** Garry Mouat | **Design** Garry Mouat, Lee Young | **Fotografie** Nick Knight | **Druck** Druckerei Heining & Müller GmbH, Mülheim a.d. Ruhr | **Buchbindung** Terbeck, Coesfeld | **Satz** E-fact Production, Paul Jackson | **Lithografie** E-fact Production, John Hennesy

Begründung pur / leidenschaftlich / hochwertig / großzügig / selbstbewusst

Gold

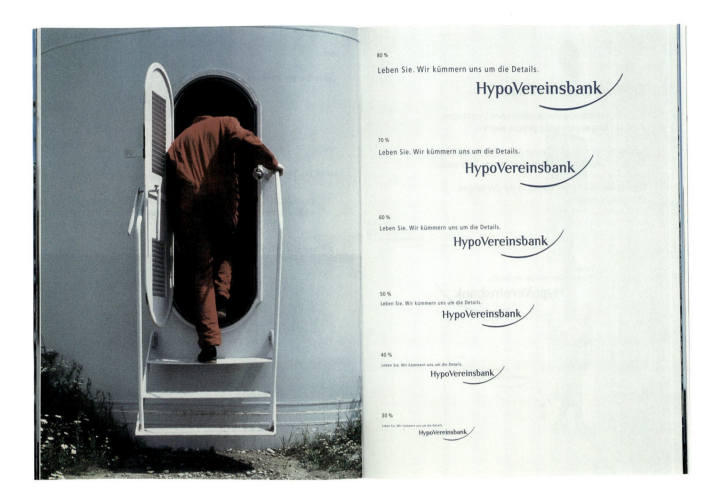

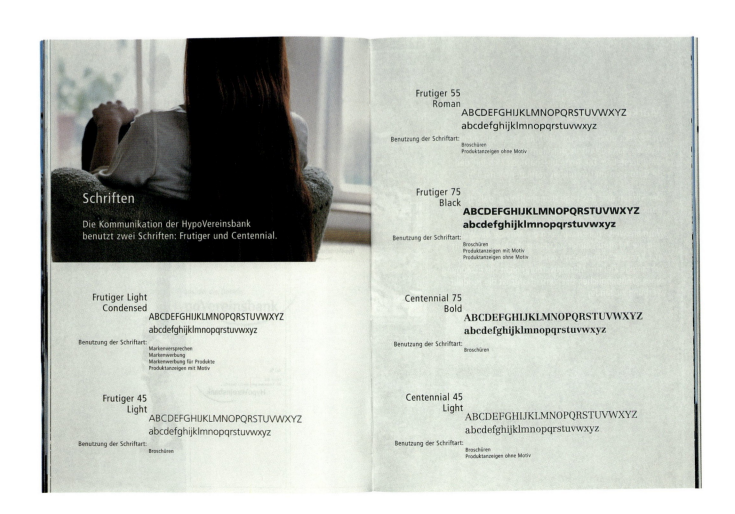

Titel Einreichung Brand Manual | **Auftraggeber** HypoVereinsbank | **Werbeleitung** Dirk Huefnagels | **Agentur** Wieden + Kennedy, Amsterdam | **Creative Direction** Jon Matthews, John Boiler | **Text** Jon Matthews, Giles Montgomery, Marc Wirbeleit | **Art Direction** Irene Kugelmann | **Fotografie** Mark Borthwick, Paul Wetherell | **Satz** Pearse Gaffney | **Druck** Walter Biering GmbH, München | **Buchbindung** Industrielle Buchbinderei, Anzing

Begründung Ein ungewöhnlicher Ansatz, die Identität eines Unternehmens der Zielgruppe nahe zu bringen. Das neue Corporate Design inszeniert sich praktisch selbst. Hier wird nicht gezeigt, wie alles in Zukunft sein könnte, sondern wie es ist. Eine erstklassige Idee, die sich so menschlich darstellt, wie der Querschnitt der Kunden ist. Fazit: Konsequent, einfach und nachvollziehbar.

Gold

Titel Einreichung „28832 Berlin" – Magazin für Druck / Medien | **Auftraggeber** BerlinDruck | **Agentur** moskito public relations | **Creative Direction** Eckard Christiani, Axel Stamm | **Werbeleitung** Reinhard Berlin | **Art Direction** Eckard Christiani | **Design** Tanja Hastedt, Angela Waldheim, Peter Korthals | **Bildredaktion** Eckard Christiani | **Text** Axel Stamm, Jürgen W. Konrad | **Lithografie** Reproteam | **Druck** BerlinDruck | **Buchbindung** BerlinDruck | **Fotografie** Diverse | **Satz** BerlinDruck |

Begründung Selektive Zielgruppenansprache (erstklassige inhaltliche und konzeptionelle Umsetzung). Je Ausgabe wird ein anderes Leistungssegment kompetent ausgeleuchtet. Externe Dienstleister werden als Dienstleistung für die Kunden (multi utility effect) eingebunden. Hoher Nutzwert für den Leser. Attraktive zielgruppengerechte Umsetzung.

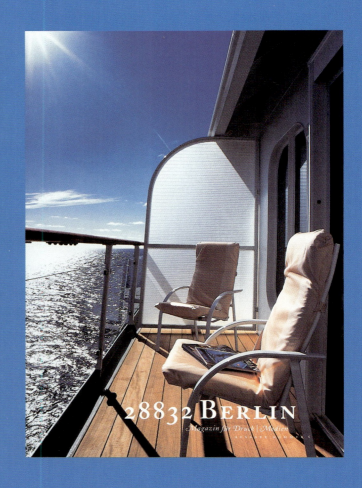

Gold

WENIGER IST MEHRWEG

Im Jahr 1991 wurden die ersten Maßnahmen zur Reduzierung von Abfällen aus Verpackungsmaterialien eingeleitet. Hierzu zählten insbesondere die Vereinheitlichung und Reduzierung der diversen Lieferantenverpackungen, eine eindeutige Rohstoffkennzeichnung und der Einsatz von recycelten bzw. recyclingfähigen Verpackungsmaterialien.

Mehrwegsysteme wurden für Faltkartons, Garnrollen und Textilwickelhülsen in der Praxis erprobt. Erste greifbare Ergebnisse gibt es bei den Produktverpackungen. Mittlerweile bewähren sich Mehrwegkartonagen für den Liegendversand an diverse Kunden. Die von Quelle entwickelten Kartons werden durchschnittlich für zehn Umläufe eingesetzt und sind somit unter ökologischen wie wirtschaftlichen Aspekten ein Erfolg.

Ebenso erfolgversprechend ist das aktuelle Mehrwegbügel-Konzept der Centrale für Coorganisation (CCG), das zusammen mit Vertretern der Firma Steilmann, Wettbewerbern und großen Handelsunternehmen entwickelt wurde. Die erarbeiteten Rationalisierungsempfehlungen für Kleiderbügel schaffen die Voraussetzungen für ein funktionierendes Mehrwegsystem, indem sechs transparente Kleiderbügeltypen für den stationären Handel und fünf schwarze für den Versandhandel standardisiert. In Verbindung mit den parallel erarbeiteten Rahmenbedingungen für eine effiziente und flächendeckende Rückführlogistik existiert jetzt die Basis für ein funktionierendes Mehrwegsystem im Bereich Kleiderbügel. Auf diese Weise kann das Abfallvolumen von ca. einer Milliarde Kleiderbügel, die jährlich in Deutschland im Müll oder im Recycling landen, erheblich verringert werden.

„Was tragen sie?" *„Kaschmir!"* „Was tragen sie am liebsten?" *„Kaschmir!"* „Wohin tragen sie ihre alte Bekleidung?" *„In den Müll oder in den Wald zum Feuer machen."* „Würden sie auch recycelte Bekleidung tragen?" *„Wenn sie aus Kaschmir wäre, selbstredend."* „Welche Visionen, Ideen, Gedanken tragen sie?" *„Ein Theaterstück zu schreiben, einen Film zu machen, mich zu verlieben, reich zu werden und noch mehr Kaschmirteilchen zu kaufen."*

Sibylle Berg, Schriftstellerin

„Was tragen sie?" *„Arbeitssachen."* „Was tragen sie am liebsten?" *„Bequeme Sachen."* „Wohin tragen sie ihre alte Bekleidung?" *„Zum Roten Kreuz."* „Würden sie auch recycelte Bekleidung tragen?" *„Ja!"* „Welche Visionen, Ideen, Gedanken tragen sie?" *„Viele Kinder!"*

Sven Herrmann, Bötsboot Kapitän

DIE ZUKUNFT DER MODE LIEGT IN DER ZUKUNFTSMODE STEILMANN – MODE MIT IQ

Am Ende des 20. Jahrhunderts stehen wir vor einem Technologieschub von nie dagewesener Dynamik. Produkte werden in immer kürzerer Zeit zur Serienreife gebracht, Neuerungen kommen früher und schneller auf den Markt.

Mit dieser rasanten technologischen Entwicklung wächst nicht nur das Wissen der Menschen, sondern auch ihre Ansprüche verändern sich. Genügte es früher, Produkte oder Dienste zu entwickeln, die schneller, besser, größer, billiger waren, so gilt es jetzt, klügere, umweltverträglichere, langlebigere Produkte anzubieten. Und die Vielfalt möglicher Innovationen ist schier unbegrenzt.

Kriterium dabei ist nicht länger das „Machbare", sondern das sich an den Wünschen und Hoffnungen, Ansprüchen und Bedürfnissen der Menschen orientierende „Gewollte". So ist z.B. Mode als leichte Sommerbekleidung mit eingesponnenem Lichtschutzfaktor mittlerweile Realität und vielleicht gibt es bald ein Shirt mit integriertem Allergieanzeiger, der sich bei Pollenflug entsprechend verfärbt.

Um der zukunftsweisenden Bedeutung von Innovationen gerecht zu werden und dieses „Vordenken" innerhalb des Unternehmens zu institutionalisieren, hat die Steilmann-Gruppe 1997 das Programm IQ Innovation Quality ins Leben gerufen. Kernziel ist das Bündeln der unterschiedlichsten Kräfte und Aktivitäten, um die Lebensqualität der Konsumenten durch klügere Bekleidungsprodukte zu steigern.

Als Bindeglied und Vermittler zwischen Produzenten, Handel und Konsumenten ist es die Aufgabe von IQ Innovation Quality, technische Neuerungen aufzuspüren oder gemeinsam mit Partnern in der textilen Kette zu entwickeln, die Innovationsumsetzung in Produkte voranzutreiben und zu koordinieren sowie diese neuen Angebote gegenüber Vertrieb, Handel und Endverbraucher bekanntzumachen.

So arbeitet IQ Innovation Quality an Visionen zur „Kleidung der Zukunft" und entwickelt daraus neue Lösungen für den Schutz vor Hitze, Kälte und UV-Strahlung sowie zur Verbesserung des Tragekomforts bei längerer Produktlebensdauer. Über allem steht der Wunsch, das Wohlbefinden zu steigern, den Menschen in seinem Alltag und jeweiligem Umfeld durch eine am entsprechenden Zusatznutzen orientierende Bekleidung gezielt zu unterstützen.

Damit greift IQ Innovation Quality die Wünsche, Bedürfnisse und Anforderungen des modernen Verbrauchers unmittelbar auf und setzt sie in konkrete Produktangebote um. Diese werden dann in die einzelnen Kollektionen der Steilmann-Gruppe integriert.

Die ganze Vielfalt der Konsumentenbedürfnisse spiegelt sich in den IQ Produkten wider. Beispielsweise gibt es neben

Titel Einreichung Umweltbericht / Umwelterklärung 1999–2002 Klaus Steilmann GmbH & Co. KG | **Auftraggeber** Klaus Steilmann GmbH & Co. KG, Bochum | **Werbeleitung** Cornelia Steilmann | **Agentur** Gerk und Krauss, Bochum | **Creative Direction** Heide Krauss | **Text** Thorsten Gerk, Nicole Hölter, Anja Löhr, Frank Pfeiffer, Karen Schmidt, Roger Schmidt, Cornelia Steilmann | **Art Direction** Heide Krauss | **Design** Heide Krauss | **Bildredaktion** Gerk und Krauss | **Fotografie** Reinhard Rosendahl, Köln | **Lithografie** Pro Artwork, Düsseldorf | **Druck** Druckpartner, Essen | **Buchbindung** Genäht bei Steilmann | **Satz** Gerk und Krauss

Begründung Lesenswerte Vermittlung eines komplexen Themas, mit durchdachtem Konzept: „Was tragen die Menschen am liebsten?" Testimonials mit sympathischem Bezug zur Heimat des Unternehmens (Bergleute).

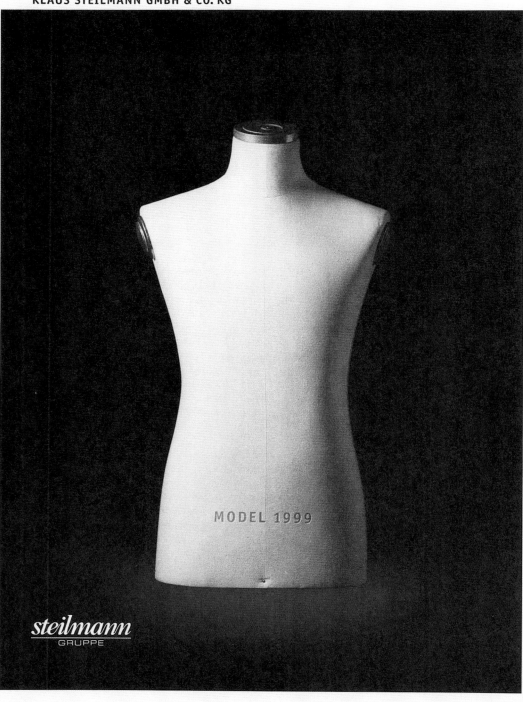

UMWELTBERICHT/UMWELTERKLÄRUNG 1999–2002
KLAUS STEILMANN GMBH & CO. KG

MODEL 1999

steilmann
GRUPPE

Gold

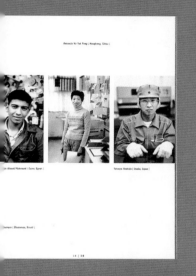

Titel Einreichung workbook | **Auftraggeber** Heidelberger Druckmaschinen AG | **Werbeleitung** Thomas Hesse | **Agentur** Artfinder Darmstadt | **Text** Heidelberger Druckmaschinen AG / Unternehmenskommunikation | **Design** Gregor Krisztian | **Bildredaktion** Daniela Blum, Ralf Kolb | **Fotografie** Jim Rakete, Oliver Schultz-Berndt (Ass.) | **Satz** Marian Nestmann | **Lithografie** Blöink Reprotechnik, Darmstadt | **Druck** Frotscher Druck, Darmstadt | **Buchbindung** Fikentscher, Darmstadt

Begründung Unseres Erachtens eine Punktlandung: Höchstes Involvement der Zielgruppe in perfekter fotografischer und gestalterischer Umsetzung. Erzeugung hoher Sympathie: „Unsere Maschinen sind nichts ohne die Menschen, die sie benutzen."

Gold

Titel Einreichung 5 Arbeitsproben – Volume 2 | **Auftraggeber** Atelier Beinert | München; Designer, Typographen und Photographen | **Werbeleitung** Wolfgang Beinert | **Agentur** Atelier Beinert | München; Designer, Typographen und Photographen | **Creative Direction** Wolfgang Beinert | **Text** Wolfgang Beinert | **Art Direction** Wolfgang Beinert | **Design** Wolfgang Beinert | **Bildredaktion** Wolfgang Beinert, Carolin Sonner | **Fotografie** Wolfgang Beinert | **Satz** Wolfgang Beinert, Carolin Sonner | **Lithografie** Carolin Sonner | **Druck** M. Saupe & Co, München | **Buchbindung** M. Saupe & Co, München

Begründung obsessiv / stringent / reduziert / feinsinnig / virtuos

Gold

PREVIEW
You can now pursue these inclinations to your heart's content. Check out all the exciting things that are about to happen. Find out what your neighbours in the other markets are doing and what they're planning. Tell people about your plans and approaches. The best aspect is that synergy now starts earlier – precisely when the need arises. And if you yourself contribute your share to ComIn, maybe there will be an opportunity to conduct some development work jointly. (After all, the wheel only had to be invented once).

This page is directed at three of your most outstanding characteristics: curiosity, drive and a thirst for knowledge.

IMAGINE THERE IS A WONDERFUL IDEA SOMEWHERE IN THE WORLD. WHAT WOULD YOU DO?

Vorsprung durch ~~Technik~~. Knowledge.

Titel Einreichung ComIn Book | **Auftraggeber** DaimlerChrysler AG | **Projektmanagement** Marina Salland-Staib | **Agentur** H₂e Hoehne Habann Elser | **Creative Direction** Armin Jochum, Andreas Rell | **Text** Tom Trentmann | **Art Direction** Simone Rees | **Design** Simone Rees | **Illustration** Simone Rees | **Kundenberatung** Ellen Staudenmayer

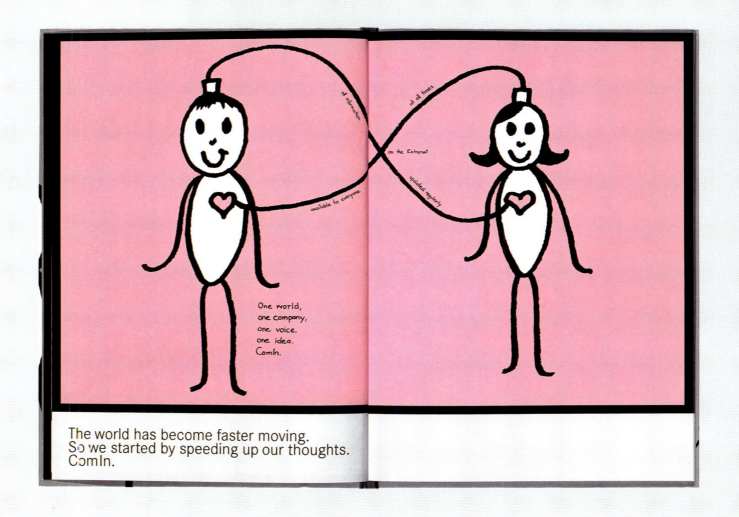

Titel Einreichung K, K & K und K | **Auftraggeber** Kuhn, Kammann & Kuhn GmbH | **Werbeleitung** Viola Kammann |
Agentur Kuhn, Kammann & Kuhn GmbH | **Creative Direction** Saskia van de Calseijde | **Text** Saskia van de Calseijde | **Art Direction** Saskia van de Calseijde |
Design Saskia van de Calseijde | **Fotografie** Saskia van de Calseijde | **Satz** Saskia van de Calseijde | **Lithografie** Schrörs Druck, Krefeld |
Druck Schrörs Druck, Krefeld | **Buchbindung** Schrörs Druck, Krefeld

Vrijdag 20 augustus
5 maanden lang
homepage

Vandaag heb ik mijn plan over de internetsite van K,K&K afgerond. In dit plan heb ik de missie en de marktdefinitie beschreven en de externe invloeden geanalyseerd. Hieruit heb ik de GAP-analyse en de SWOTanalyse opgesteld. Vervolgens de doelen en de ondernemingsstrategie, de designdoelen en de designstrategie. Uit deze strategieën zijn twee concepten ontstaan, die men o.a. in de bijlagen van het plan kan terugvinden, net als het daarbij behorende moodboard. Het plan heb ik ook op een passende manier vormgegeven.

Dit plan behoorde tot de opdracht waar ik gedurende de 5 maanden tussendoor aan kon werken, namelijk: 'een concept uitdenken voor de eigen homepage en deze ook vormgeven'. - Dit plan, met zijn doelen en strategieën had ik natuurlijk al vrij aan het begin van deze 5 maanden opgesteld, maar ik ben toen overgegaan op het concept en heb nu het plan verder uitgebreid en uitgewerkt. -

Als allereerste heb ik een boek (World Wide Web Marketing van Jim Sterne) over de integratie van het internet in de marketingstrategie gelezen en deze samengevat. In die weken daarna heb ik research gedaan naar o.a. interessante sites (heel veel op het internet gesurft dus), de doelen vastgesteld en de strategie gepland.

Nadat ik verschillende concepten had bedacht, is het wat langzamer gevorderd. Ik had mijn concepten al met Viola besproken, hierna waren er 5 goede overgebleven. Waarvan wij beide een en dezelfde prefereerden. Maar die 5 moesten nog met anderen besproken worden, en er moest een keuze gemaakt worden. Viola wilde dit namelijk in eerste instantie niet alleen doen en wilde er ook een artdirector naar laten kijken. Maar op dat moment had niemand tijd, dus dat schoot niet zo op.

Om toch verder te komen ben ik toen aan de teksten begonnen die in de site moesten komen (brochures uitgepluisd), dit was natuurlijk een beetje onhandig aangezien er nog geen besluit was genomen over het uiteindelijke concept. Maar goed - ik was er mee bezig.

Ook heb ik voor de verschillende concepten begrippen gezocht voor de links. Bij

Begründung Innovativer Ansatz, sympathisch, understated, glaubhaft und authentisch. Leistungen, Arbeitsweise und Kultur der Agentur werden optimal und interessant verkauft. Die Umsetzung entspricht in idealer Weise dem Konzept.

Gold

Titel Einreichung Wo immer Sie sind, Sie sind zu Hause. | **Auftraggeber** DaimlerChrysler Vertriebsorganisation Deutschland | **Werbeleitung** Herr Behncke | **Agentur** E-fact. Limited | **Creative Direction** Wolfgang Zimmerer | **Text** Peter Buck, Stefanie Hockenholz | **Art Direction** Ruth Holden | **Design** Ruth Holden | **Fotografie** Michael Harding, Derek Seaward, Andreas Heumann | **Satz** E-fact Production / Manuela Heers | **Lithografie** E-fact Production / Repro Klein, Hamburg | **Druck** Druckerei Heining & Müller GmbH, Mülheim a.d. Ruhr | **Buchbindung** Druckerei Heining & Müller GmbH, Mülheim a.d. Ruhr

Meine Frau kommt in drei Wochen. Meine Tochter erst, wenn die Schule anfängt. Aber zum Glück wartet ein Stück Heimat bereits auf mich.

Es ist nicht so, daß ich Abschiede nicht gewöhnt wäre. Es waren so viele. Nur leicht sind sie mir nie gefallen. 1987, die Abreise nach Lissabon: Ich war gerade fünf Wochen verheiratet. Im Flugzeug war ich so traurig, daß ich kaum meinen Tomatensaft erkannte. Vier Jahre später, wir lebten bereits in Oslo, kam unsere Tochter zur Welt. Sie war so klein und schrumpelig, anfangs konnte ich kaum an ein Verwandschaftsverhältnis glauben. Und gerade jetzt, wo ich ein paar Ähnlichkeiten zwischen uns feststelle, bin ich auf dem Weg nach Berlin.

Meine Familie kam immer nach. Eigentlich kam immer alles nach. Unsere Möbel, unser Geschirr, die Spielsachen, eben der ganze Hausstand. Man packt die Vergangenheit in eine Kiste, um sie wenig später wieder auszupacken. So geht es einmal um die Welt. Und doch wartet ein Stück Heimat immer auf mich.

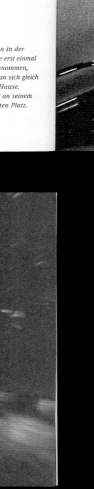

Hat man in der E-Klasse erst einmal Platz genommen, fühlt man sich gleich wie zu Hause. Alles ist an seinem gewohnten Platz.

Gold

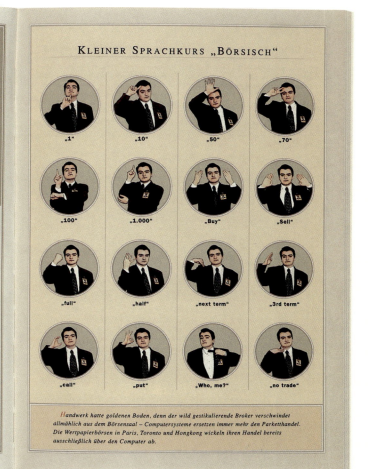

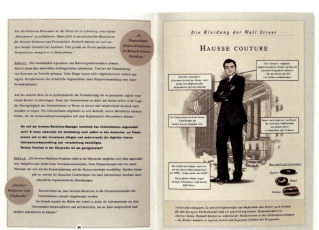

Titel Einreichung Die FAZ-Finanzbroschüre | **Auftraggeber** FAZ Verlag GmbH | **Werbeleitung** Dr. Jan P. Klage, Bettina Heßler | **Agentur** Scholz & Friends Berlin | **Creative Direction** Sebastian Turner | **Text** Franz Hönigl | **Art Direction** Stefan Leick | **Beratung** Jens Stuhr, Birte Jessen | **Satz** Scholz & Friends Berlin | **Lithografie** Appel Grafik, Berlin | **Druck** Wiesbadener Grafische Betriebe | **Buchbindung** Buchbinderei Schöffer

Begründung spielerisch / informativ / unterhaltsam / übersichtlich / intelligent

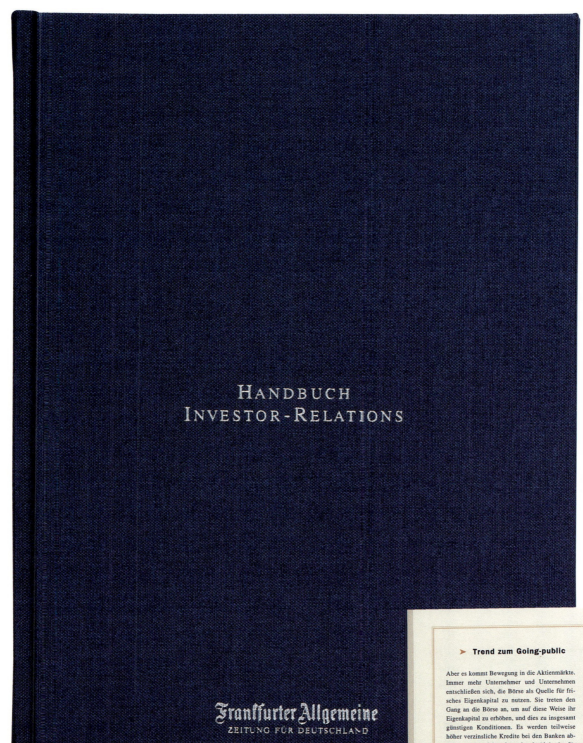

Gold

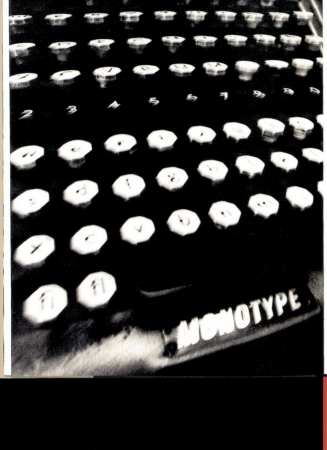
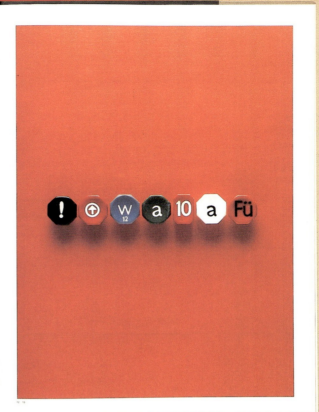

Titel Einreichung Römerturm Portfolio „Schumacher-Gebler" | **Auftraggeber** Römerturm Feinstpapier | **Werbeleitung** Sabine Eichenauer | **Agentur** Factor Design AG | **Creative Direction** Johannes Erler | **Text** Jan Weiler | **Art Direction** Johannes Erler | **Design** Marius Fahrner | **Bildredaktion** Marius Fahrner | **Fotografie** Heribert Schindler, Ulli Hoppe | **Satz** Offizin Haag, Marius Fahrner, Drugulin, Leipzig | **Lithografie** AlphaBeta Druckservice, Hamburg | **Druck** Offizin Haag, Brilliant Offset, Hamburg, Marius Fahrner, Drugulin, Leipzig | **Buchbindung** Brilliant Offset, Hamburg

Die Offizin-Haag Drugulin
und das Museum für Druckkunst in Leipzig

Eckehart SchumacherGebler

Eine Fotoreportage von Ulrich Hoppe
und Heribert Schindler

Als Eckehart SchumacherGebler, oder ESG, wie ihn viele nennen – ist ja wesentlich kürzer – seine erste Monotype-Anlage kaufte, lief der Laden in München recht gut. Sorgen bereiteten nur die immer kürzer werdenden Kundentermine und der permanente Facharbeitermangel, wodurch man nie Zeit zum »Ablegen«, zum Zurücklegen der Lettern in ihre angestammten Kästen, fand. Oft waren die Fächer der gerade dringend benötigten Schrift leer, fehlten die unentbehrlichen Stege und Regletten als nichtdruckendes »Blindmaterial«. Die Monotype – da man auch die größeren Schriftgrade bis 72 Punkt gießen wollte, war mit einer »Supra« begonnen worden – beseitigte schlagartig die Knappheit von Schrift- und Blindmaterial. Mit den stets gußfrischen Typen ließ sich quasi nebenbei auch die Qualität der Barytandrucke verbessern. Die Kunden waren zufrieden, der zunächst kleine Schriftenbestand der Monotype mußte aufgestockt werden. Zwei Taster und eine Satzgießmaschine wurden von einer Kollegenfirma übernommen, da die Aufträge an Umfang zunahmen, eine maschinelle Ausführung aus Termin- und Kostengründen unerläßlich wurde. So weit, so gut.

Doch die Zeiten änderten sich, genauer gesagt, die Technik. Der Fotosatz hielt auf leisen Sohlen Einzug in die Betriebe. Wie seinem schwerelosen Lichtstrahl angemessen, mit unglaublicher Geschwindigkeit. Dieser Entwicklung trug man in der Münchner Goethestraße frühzeitig Rechnung, den Fototitelsetzgeräten folgten bald Diatype-Geräte, wenig später dann eine Diatronic, es war die 100. Maschine übrigens. Und die Kunden nahmen das neue Verfahren gerne auf. Weniger aus Qualitätsgründen, vielmehr, weil beim Einkleben in das Layout die Fotoabzüge im Gegensatz zu den Barytandrucken nicht mehr die Gefahr des Verwischens in sich bargen. So sehr man sich über die positive Aufnahme des neuen Verfahrens gefreut hat, so be-
reitete die Verlagerung der Aufträge erhebliches Kopfzerbrechen, wie die Monotype-Abteilung in Zukunft ausgelastet werden könne.

Man mochte die Sache drehen und wenden wie man wollte, im Grunde gab es nur zwei Wege: Die überhaupt noch nicht amortisierte Anlage à fonds perdu abzuschreiben oder das schon ganz ansehnliche Schriftenangebot konsequent auszubauen. Damit würde der Betrieb in die Lage versetzt, auch ausgefallene Schriftwünsche zu erfüllen, beispielsweise nach Schriften, die es im Fotosatz noch nicht gab und somit zusätzliche Aufträge aus einem überregionalen Kundenkreis hereinzuholen. Wer ESG kennt, braucht nicht lange zu raten, für welchen Weg, sicherlich nicht frei von Emotionen, er sich entschieden hat.

SchumacherGebler machte sich also daran, alle Monotype-Matrizen dieser Welt zusammenzutragen. Gebrauchte Matrizensätze wohlgemerkt, alles andere hätte wirtschaftlich damals keinen Sinn ergeben. Wie ein guter Jäger weiß, wo das Wild steht, so kannte ESG die meisten der in Frage kommenden Druckereien, bei denen seltenere Schriften, und nur darum ging es, aufzustöbern waren. Der Zeitpunkt war günstig. Die Monotype war eigentlich nur in Großbetrieben anzutreffen. Und gerade diese waren es, die als erste zum Fotosatz wechselten. Die Verhandlungen verliefen in der Regel unkompliziert. War die Umstellung auf die neue Technik bereits abgeschlossen oder stand sie unmittelbar bevor, wurden die Matrizen gerne dem Mann aus München überlassen, meist zu einem Freundschaftspreis. Niemand sonst schien ja dafür Verwendung zu haben.

Insgesamt waren es ein gutes Dutzend Großbetriebe, deren Matrizen nun in die Goethestraße wanderten, darunter klangvolle Namen wie Brügel, Enschedé, Jännecke, Kieser, MAN-Druck, Oldenbourg, Osterwald, Passavia, Stulle, Druckhaus

---

ABCDESGHIJKLMNOFQR
TUVWXYZÄÖÜ
abcdefghijklmnopqrstuvwxyz
äöüfffifłßffiffl .,-'"!?:;§†&[(«
ÇÈÉË   àáâçèéêëìíîïòóôùúû

1234567890   1234567890 Mediävalziffern Serie 20?;, vorhanden 7 bis 36 Punkt
             1234567890 Mediävalziffern Schnitt Matthew Carter, 8 bis 14 Punkt

ABCDESGHIJKLMNOPQR
TUVWXYZÄÖÜÇÈÉË
abcdefghijklmnopqrstuvwxyzäöü
fffifłßffiffl .,-'"!?:;§†&[(«
1234567890   àáâçèéêëìíîïòóôùúû

 **Jury 2000**

Grafik-Design. Typografie.

Jürgen Erlebach. Geschäftsführer MERZ Werbeagentur GmbH, Düsseldorf
Christine Hesse. Geschäftsführerin Hesse Designstudios GmbH, Erkrath
Klaus Kuhn. Geschäftsführender Gesellschafter Kuhn, Kammann & Kuhn GmbH,
 Finanz- und Unternehmenskommunikation, Köln
Ulrike Pötschke. Art Directorin Ammirati Puris Lintas, Wien
Stefan Rögener. Geschäftsführer AdFinder GmbH, Hamburg
Gebi J. Schregenberger. Creative Consultant, Zürich

Fotografie.

Thomas Balzer. Fotograf, Frankfurt/Main
Christoph Fein. Fotograf, Essen
Charlie Keller. Werbefotograf Fotoschule Alcasar, Zürich
Günter Pfannmüller. Fotograf, Frankfurt/Main

Reproduktion. Druck. Buchbinderische Verarbeitung.

Franz Maurer. Technischer Betriebsleiter und Qualitätsleiter Graphische Betriebe Eberl GmbH, Immenstadt
Bernd Rehling. Geschäftsführer Rehling Graphischer Betrieb GmbH, Rietberg
Franz-Josef Vogl. Geschäftsführer DIV Vogl GmbH, Saarbrücken
Jürgen Weing. Betriebsleitung Senn Graphischer Betrieb, Tettnang

Public Relations Konzeption und Text.

Christian Anderegg. Credibility & Reputation, Benken (Schweiz)
Dr. Susanne von Bassewitz. Abteilungsdirektorin Public Relations VEBA AG, Düsseldorf
Markus König. Referent Referat Öffentlichkeitsarbeit RAG Aktiengesellschaft, Essen
Dieter Schulze van Loon. Geschäftsführender Partner K & K Kohtes & Klewes Kommunikation, Hamburg
Till K. Uhle. Leiter Marketing Services Rosenthal AG, Selb

Werbung. Konzeption und Text.

Ernst Dörfler. Art Director Pantos Werbeagentur, München
Peter Heßler. Geschäftsführer Beithan, Heßler Werbeagentur GmbH Frankfurt/Main
Karin Kammlander. Creative Director Text Demner, Merlicek & Bergmann, Wien
Edmund Rück. Werbeleiter Modo Paper, Raubling

Verkaufsförderung. Konzeption und Text.

Michael Cremer. Abteilungsdirektor Unternehmenskommunikation Stadtsparkasse Köln
Heinz Fischer. Exportverkaufsleiter/Marketing Koordinator Pelikan Vertriebsgesellschaft, Hannover
Dagmar Nelles. Marketingleiterin Deutschland Henkel KGaA, Düsseldorf
Werner Wynistorf. Kommunikations- und Managementtrainer BDVT, Münchenbuchsee (Schweiz)

>> Paper is Hightech <<

>> This sounds strange at first sight. Hasn't paper existed for more than a thousand years already?

Paper is not what it used to be. Today's productions run on machines which have 9.5 meters in width and a speed of more than 1500 meters per minute. Meanwhile, the amount of wood-free paper sold by western european manufacturers reaches up to 12.800.000 tons. So it is easy to understand that paper as „natural product" does not any longer have too much in common with the invention that T'sai Lun held in his hands nearly 2000 years ago.

The greatest difficulty in industrial paper manufacturing is to guarantee a steady quality while having the production run over several years. This quality refers to large amounts as well as to speed.

Taking into consideration that employment costs have gone up remarkably it can be stated that the cost of paper has remained stable, if not decreased. This situation is due to remarkable investment in technical development. Besides, the paper assortment was diminished. The aim was to produce paper with multifunctual characteristics which would lead to a reduction of material's changes during production.

Today is the time of digital printing. Paper used for digital printing requires characteristics which are different from those required for offset printing. That makes it necessary to develop specific material for digital printing as well.

The development of a paper for digital printing is a huge investment in regard to technical terms of production. As experience shows, it easily takes about two years of time before a new paper quality is ready for the market.

For the time being, UPM-Kymmene is testing several paper qualities (which were already announced at this year's DRUPA). In regard to papers for digital printing, the company concentrates on the specific demands of Xeikon machines. Paper for the Indigo method will follow.

The importance that UPM-Kymmene actually attaches to digital printing can also be gathered from the construction of the new service-center at Dörpen, Germany, which will concentrate on paper for digital printing and office papers. <<

\>\> Wenn wir nun den Digitaldruckbereich der grafischen Industrie näher betrachten, fallen zwei Hauptanbieter für Digitaldruckmaschinen (und damit auch zwei unterschiedliche Produktionsverfahren) auf: Xeikon und Indigo. Auch diese wiederum erfordern unterschiedliche Papiere, ganz abgesehen von den Papieren für die Inkjetverfahren.

Bei der Xeikon-Technologie darf das Papier nicht zu leitfähig sein und sollte eine gleichmäßige Formation (Durchsicht) besitzen. Es muss sowohl elektrische Ladung halten wie auch in Sekundenbruchteilen die Ladung wechseln können. Dies kann ein Standardoffsetpapier häufig nicht leisten. Zudem sollte auch die Papierfeuchte wesentlich geringer sein als die Feuchte bei Offsetpapieren, da Feuchtigkeit bekanntlich einen Stoff leitfähig macht.

Bei dem von Indigo entwickelten Verfahren hingegen ist alles anders; nur das Prinzip des elektrofotografischen Bildaufbaus ist ähnlich. Die Anforderungen an das Papier sind: Farbübertragung, Farbhaftung, Laufeigenschaften beim doppelseitigen Druck und Kompatibilität zum Gummituch. Insbesondere die Farbhaftung ist ein kritischer Faktor, der auf die Oberflächenenergie des Papiers zurückgeführt werden kann. Weitere Ausführungen würden an dieser Stelle zu weit gehen. Praktisch gesehen kann es sich jedoch so auswirken, dass ein Papier zwar perfekt bedruckt werden kann, der Farbfilm dann aber abziehbar oder abreibbar ist. Dies bedeutet: k.o. in der Buchbinderei bzw. bei der Weiterverarbeitung.

Zurück zum Geschäft. Die Entwicklung eines Digitaldruckpapiers bedeutet – produktonstechnisch betrachtet – für eine Fabrik in der Größe wie Nordland Papier einen gewaltigen Aufwand. Der für eine solche Entwicklung benötigte Zeitraum kann mit dem anderer Branchen verglichen werden. Zwei Jahre gehen da schnell ins Land, bevor eine neue Papiersorte marktreif ist. Diese Sorten sollen als eine Art „Eierlegende-Woll-Milch-Sau" sowohl die Anforderungen verschiedener Digitaldruckverfahren als auch die des jeweils unterschiedlichen Produktionsprozesses erfüllen. Das zu vereinen ist manchmal spannender als ein Krimi …

Im UPM-Kymmene-Konzern befinden sich derzeit mehrere Sorten in der Entwicklungsphase bzw. werden getestet (die Ankündigung erfolgte schon zur DRUPA 2000). Dabei handelt es sich zum einen um holzhaltige Papiere wie Werkdruckpapiere, LWC und Zeitungspapiere, die eine Marktneuheit im Digitaldruckbereich darstellen, zum anderen um holzfreie Papiere, einfach und zweifach doppelseitig matt und glänzend gestrichen. In erster Linie entwickeln wir diese Papiersorten für Xeikon, den europäischen Marktführer von Digitaldruckmaschinen. Die Eignung für das Indigoverfahren – weltweit führend – wird folgen.

Dass ein Unternehmen wie UPM-Kymmene auf den Digitaldruckmarkt setzt, zeigt sich unter anderem in der Errichtung des neuen Service-Centers in Dörpen. Dort soll die Ausrüstung von Digitaldruck- und Officepapieren das Kerngeschäft bilden. Für uns bedeutet das: Es bleibt spannend … \<\<

>> Fast monatlich erreichen uns Nachrichten über neue Entwicklungen im Bereich der Digitaldrucktechnik. Neue Maschinen kommen auf den Markt: Schneller, besser, farbiger, hochwertiger soll das Ergebnis sein. Es scheint, als ob dieser Markt enorme Summen in die Entwicklung der Maschinen steckt, um der Konkurrenz mal wieder ein paar ppm (pages per minute) vorauszusein. Und worauf wird gedruckt? Nun, da gibt es Folie aus Aluminium oder Kunststoff, Etiketten, Stoff und Papier. Scheinbar wird nur an den Maschinen entwickelt, der Markt der Bedruckstoffe jedenfalls lässt nicht viel von sich hören. Dabei ist die Entwicklung eines Papieres, besser gesagt eines Digitaldruckpapieres, ebenso hightech!

„Papier ist hightech" – das klingt im ersten Moment ziemlich fremd: Schließlich gibt es Papier schon seit mehr als tausend Jahren (das Drucken übrigens auch).

Papier ist jedoch schon lange nicht mehr das, was es mal war. Die heutigen Alltagspapiere sind Massenprodukte; sie werden auf Maschinen mit teilweise mehr als 9,5 Metern Breite und mit Geschwindigkeiten von mehr als 1500 Metern pro Minute (!) produziert. Die von den westeuropäischen Fabriken in Europa verkaufte Menge der holzfreien Papiere liegt mittlerweile bei 12.800.000 Tonnen. Bei solchen Mengen und schnell laufenden Maschinen kann sich jeder denken, dass das „Naturprodukt" Papier nicht mehr viel mit der Erfindung gemeinsam hat, die T'sai Lun vor 1895 Jahren in den Händen hielt.

Die Schwierigkeit bei der industriellen Papierherstellung ist, bei der Produktion über mehrere Jahre hinweg eine gleichbleibende Qualität zu gewährleisten – auch in Bezug auf große Mengen und Geschwindigkeit (Geschwindigkeit kann hier mit Menge gleichgesetzt werden). Betrachtet man zudem den Markt über einen Zeitraum von 15 bis 20 Jahren, wird man feststellen, dass Papier auf dem annähernd gleichen Preisniveau geblieben ist. Eigentlich ist es sogar billiger geworden, wenn man bedenkt, dass sich die Lohnkosten drastisch nach oben entwickelt haben. Darüber hinaus konnte die produzierte Menge stark gesteigert werden. Dies war nur durch einen hohen entwicklungstechnischen Aufwand möglich. Auch dieser findet in den heutigen Papierpreisen keinen Niederschlag.

Ein weiterer Grund ist die Straffung der Papiersorten (gewissermaßen des Sortiments) im Produktionsprozess. Sortenwechsel sind immer mit Risiken und Produktionsausfall verbunden. Es ist deshalb Ziel der Papierindustrie, Papiere mit Multifunktionseigenschaften herzustellen, um die Zahl der Sortenwechsel so gering wie möglich zu halten. Somit stellen die meisten Papiermaschinen Papiere für den Offsetdruck her. Digitaldruckpapiere brauchen aber meist andere Papiereigenschaften.

Was ist nun Digitaldruck? Mit Digitaldruck bezeichnet man die Möglichkeit, Daten und Bilder direkt auf ein Medium zu übertragen, ohne eine Druckform herstellen zu müssen. Grob gesagt kann man die elektrofotografischen und die Inkjetdruckverfahren mit „Digitaldruck" bezeichnen. Dies schließt auch den Drucker an Ihrem Arbeitsplatz ein.

Bei den klassischen Druckverfahren wie Offset oder Tiefdruck war für Fachleute immer klar, dass für das jeweilige Verfahren auch verschiedene Papiere entwickelt werden mussten. Eine Entwicklung verfahrenstechnischer Papiersorten ist auch für den Digitaldruck notwendig.

>>

Gerd Carl. Drucktechnologe | **R&D Printing Technology, UPM-Kymmene Nordland Papier AG, Dörpen**

1987–1990 Ausbildung zum Offsetdrucker, danach Berufspraxis im Rollenoffsetdruck | **1994–1996** Abschluss der Fachschule für Drucktechnik, Düsseldorf | **1996** Anstellung als Verlagshersteller in Köln | **seit Januar 1997** bei der Nordland Papier AG, Dörpen, zunächst im Technischen Service | **seit Februar 1999** als Drucktechnologe in der Forschung und Entwicklung. Aufgabengebiet: Drucktechnische Produktentwicklung und Problemanalyse | Contact: Gerd.Carl@UPM-Kymmene.com

» Papier ist hightech «

Digitaldruckpapiere und deren Entwicklung

>> Quality requires consistency <<

>> The production of print objects covers several stages. These are not only concept, design, prepress and printing, but also bookbinding and manufacturing.

Unfortunately, agencies and clients tend to forget that these professions exist because the workflow they deal with requires rather great technical competence. Even printers tend to forget – although they for their own sake should be interested in an easy-going and successful production. This article is meant to help avoid situations in which we face problems that no expert could possibly offer a satisfactory solution for.

When planning costly productions or other (image) publications of great significance, close collaboration with bookbinders or manufacturers is not only urgently recommended but necessary. At first, personal contact and dialogue will help both sides understand what is wanted and needed. (Sometimes it even helps the client to make his mind up). Secondly, accepting advice before the task is begun will most definitely enable you to take prospective problems into consideration and find solutions for them in the stage of design already. (These problems may concern critical technical aspects, time disposals or questions of delivery, shipment or mailing). Thirdly, agreements made in time will lead to more effectivity in production (which usually leads to lower costs. So why not make use of the advantage?).

The main question for concept and development of a printed matters is: what is the use of it? This automatically implicates various requirements in regard to material, fold, binding, cover, and finishing, to name but a few. (By the way: most problems result from wrong folds).

Experience shows that particularly the modern tools of advertisement (like mailings, brochures, posters, labels, self-mailers, journal's covers with manifold functions) will be produced faster, with better quality and cheaper when talked over beforehand.

So: Get into contact with the manufacturer in time. Enable him to recommend you to avoid prospective problems – and you will have a better night's sleep while your publication is in the stage of finishing! <<

kleineren Formaten hingegen sollte der Umschlag nicht zu stark gewählt werden, da er sonst den Inhalt „erschlägt" und sich außerdem auch schlecht einhängen lässt. Bei Büchern mit festem Einband ist es ähnlich. Auch hier sollte die Pappe entsprechend dem Format und der Stärke des Buchblocks gewählt werden. Ein dünneres Buch bis etwa 2 cm Stärke sollte einen geraden Rücken erhalten, und bei stärkeren Buchblöcken sollte der Block gerundet werden, um eine bessere Stabilität zu erreichen.

. Produktschutz: Bereits bei der Konzeption sollte bedacht werden, dass insbesondere Mattfarben oder mattgestrichene Papiere einen Schutz benötigen. Dies gilt vor allem bei Volltonflächen. Dieser Schutz kann in Form einer Lackierung oder – bei Umschlägen – einer Folienkaschierung erfolgen und ist nötig, da es bei ungeschütztem Papier gern zu Farbabrieb und Scheuerstellen bei der Verarbeitung (z.B. im Sammelhefter) kommt. Diese sind nicht immer zu vermeiden, obwohl die Buchbinderei grundsätzlich auf eine möglichst schonende Verarbeitung der einzelnen Produkte Wert legt. Eine kleine Unachtsamkeit kann hier große Kosten verursachen – sei es im Hinblick auf Papierkosten, Neudruck oder Terminverzögerungen.

Weitere Möglichkeiten zum Produktschutz bestehen in Form von Teil- und Ganzlackierungen, UV-Lackierungen und Einsiegeln (z.B. bei Taschenkalendern).

. Verpackung: Bei der Verpackung muss darauf geachtet werden, welche Verwendung für das Produkt vorgesehen ist. Handelt es sich um eine Beilage für eine Tageszeitung oder um einen Einhefter, wird nur auf Paletten abgesetzt. Broschüren und Prospekte sollten in Kartons, Folie oder Packpapier eingepackt werden. Bücher und Taschenbücher werden meist einzeln eingeschweißt und dann auf stabilen Paletten, z.B. Europaletten, zum Versand gebracht.

Nicht jedes Produkt aber eignet sich zum Einschweißen. Dies gilt insbesondere bei folienkaschierten Drucksachen, bei denen die beim Einschweißen eingesetzte Hitze unter Umständen die auf dem Umschlag aufgebrachte Folie angreifen kann. In Folie verpackte Produkte sorgen jedoch für gute Eigenwerbung, da der Druck sichtbar bleibt. – Für den Sammelversand sind zusätzliche Anforderungen zu berücksichtigen.

Im Rahmen der qualitativen Aspekte wäre noch ein Wort über Fadenheftung und Klebebindung zu sagen. Derzeit geht das Wort von der „Renaissance der Fadenheftung" um. Das heißt: Die Fadenheftung war und wird zumindest in nächster Zeit nicht zu ersetzen sein. Man denke aber auch an die Möglichkeit der Fadensiegelung. Insbesondere bei Papieren, die durch bestimmte Zusätze oder falsche Laufrichtung nicht klebegebunden werden können, oder bei Bildbänden, Schulbüchern und Nachschlagewerken ist es jedoch sinnvoll, die etwas höheren Kosten einer Fadenheftung in Kauf zu nehmen, weil dies spätere Reklamationen wegen unfreiwilliger „Loseblattsammlungen" vermeiden hilft.

Fazit: Anfängliche Festlegungen für neue Projekte, die auf Agentur- oder Kundenseite in Unkenntnis von den verarbeitungstechnischen Anforderungen und Gegebenheiten erfolgen, führen oft nicht nur zu Verarbeitungsschwierigkeiten, sondern auch zu erheblichen Qualitätseinbußen. Dies kann bei rechtzeitiger Kontaktaufnahme zum Fachmann vermieden werden. Fordern Sie uns!

Wir bringen die Entscheidung der Jury auf den Punkt. Jahr für Jahr – bis zu 8 Farben.

>> . **Prospekte als Beikleber** in Zeitschriften mit perforierten und adressierten Antwortelementen wie Postkarten, Bestellschein, Coupon usw.

. **Umschläge für Zeitschriften**, die mehrere Funktionen erfüllen, z.B. Versandumschlag, eingearbeitete Rücklaufelemente etc.

. **Mailings**, klassische Elemente sind Umschlag, Brief, Prospekt, Bestellschein/-karte und Antwortkarte/-umschlag.

. so genannte **Self-Mailer**, bei dem alle Komponenten aus einem einzigen Bogen Papier durch Falten, Kleben, Stanzen, Nummerieren, Adressieren und Schneiden hergestellt werden.

. **Prospekte**, die in Zeitschriften beigelegt, beigeklebt oder beigeheftet werden, oder **Warenproben**, die an bestimmten Stellen angeklebt werden. Gerade hierbei ist unbedingt eine vorherige Rücksprache erforderlich; oft ist sogar ein Probelauf, insbesondere bei Warenproben, ratsam.

. **Poster** mit oder ohne Leiste zum Aufhängen, Plakate in verschiedenen Größen bis hin zu Großflächenplakaten in der Größe von ca. 250 cm x 350 cm, Stanzplakate und Aufsteller.

. **Etiketten und Dosenumbänder**, hier wird die Erstellung eines Musters bzw. Musterbands bei Auftragsvergabe empfohlen, das dem Kunden zur Genehmigung vorgelegt wird und somit als verbindliche Arbeitsunterlage dient.

Ein wesentlicher Faktor einer Auftragsabwicklung sind aber auch die qualitativen Anforderungen. Hier kommt es in der Hauptsache auf das zu verarbeitende Material an. In Stichpunkten seien hier Kriterien aufgeführt, die eng mit den wirtschaftlichen und verfahrenstechnischen Aspekten verbunden sind und von ihnen beeinflusst werden. Nicht immer sind sie leicht zu erfüllen.

. **Maßhaltigkeit:** Dies betrifft den Stand der einzelnen Seiten in der Montage sowie Vorder- und Seitenlage in der Druckmaschine bzw. – in der Weiterverarbeitung – die Schneidegenauigkeit der einzelnen Bogenteile zum Falzen. Um Differenzen zu vermeiden, sollte hier nach Möglichkeit immer Druckanlage gleich Falzanlage sein. In der Falzmaschine betrifft dies eventuelle Differenzen in den einzelnen Brüchen. Achtung auch bei Bildern oder Text, die über zwei Seiten laufen.

. **Haltbarkeit:** Insbesondere bei Klebebindung muss die Haltbarkeit in der Verwendung geprüft werden. Ob für ein Produkt Hot-Melt, PUR oder Dispersion geeignet oder etwa die teurere aber auch haltbarere Fadenheftung vorzuziehen ist, wird weitestgehend vom zu verarbeitenden Material abhängen.

Oft decken sich dabei Kundenwunsch und das technisch Machbare nicht. Es sollte uns aber nie zu viel werden, immer wieder auf die Risiken der Klebebindung hinzuweisen. Allerdings darf auch keine grundsätzliche Verteufelung erfolgen, denn bei richtigem Einsatz ist es auch eine qualitativ empfehlenswerte Methode.

. **Verhältnis von Umschlag bzw. Einband zum Inhalt:** Bei Rückstichbroschüren kann der Umschlag gleich mitgedruckt werden oder ein stärkeres Material – z.B. Karton – Verwendung finden. Bei Broschüren und Taschenbüchern kommt es auf den Inhalt und das Format an. Man sollte hier darauf achten, dass der Umschlag entsprechend dieser Faktoren gewählt wird.

So ist beispielsweise bei dickeren Produkten oder größeren Formaten ein entsprechend stärkerer Umschlag auszuwählen, damit die Broschur eine gute Stabilität erhält. Bei dünneren Produkten und >>

More than just paper.

An Rollendruckpapiere werden immer höhere Ansprüche gestellt. Haindl, einer der führenden europäischen Hersteller, erfüllt sie. Mit der Erfahrung eines großen Unternehmens und modernster Technik bieten wir neben Kompetenz in Sachen Druck und Papier perfekten Service für unsere Partner.

HAINDL

\>\> Ausgangspunkt für die konzeptionelle Entwicklung eines Produktes ist die Frage, wozu es dienen soll. Daraus ergibt sich dann der optimale Verfahrensweg. Handelt es sich beispielsweise um eine einmalige Information, genügt ein Blatt oder ein mehrseitiger Prospekt, der nur gefalzt oder aber auch im Bund geleimt oder geheftet ist. Handelt es sich aber um eine Zeitschrift, die in regelmäßigen oder unregelmäßigen Abständen produziert wird, um eine Broschur, ein Taschenbuch oder ein Buch mit festem Einband, muss zuerst die passende Bindeart gesucht werden. Dabei muss berücksichtigt werden, welches Material für den Inhalt verwendet werden soll, damit auch die Verarbeitbarkeit in der Buchbinderei gewährleistet ist.

Bei festen Einbänden beispielsweise wird mit dem Kunden auch die Art und Ausstattung des Buches festgelegt, ob es sich also um einen Halb- oder Ganzgewebeband handelt, ob dieser mit oder ohne Prägung, mit bedrucktem Überzug, mit geradem oder rundem Rücken, mit Kapitalband oder sonstigen Sonderausstattungen usw. versehen werden soll. Gerade bei der Festlegung der Verarbeitungsweise bzw. Bindetechnik ist die Beratung durch den Buchbinder besonders wichtig. Hier können Hinweise auf Probleme und Risiken im Hinblick auf Greiffalz, Fräsrand, das Vermeiden von Hot-Melt bzw. PUR bei mattgestrichenen Papieren, richtige Laufrichtung des Papiers, überlaufende Seiten und vieles anderes mehr besprochen werden. Auf der so festgelegten Basis wird dann von der Technik die Verarbeitung des Produktes entschieden.

Ein wichtiger Aspekt ist auch die richtige Falzart: Kreuzbruch, Parallelbruch, die Einteilung in 4, 8, 16 oder mehr Seiten je Bogen – das Ausschießen einer Druckform ist von Bedeutung. Die Wahl im Einzelnen richtet sich dabei nach dem vorab ausgewählten Bindeverfahren – also Fadenheftung, Klebebindung, Rückenstichheftung oder eine sonstige Einbandart, z.B. Wire-O, Plastikeffekt- oder Spiralbindung.

Gerade in diesem Bereich werden häufig gravierende Fehler gemacht. So werden Falzarten gewählt, die zwar den drucktechnischen und wirtschaflichen Belangen entgegenkommen, aber nur selten in der Druckweiterverarbeitung realisiert werden können, weil die dafür notwendige Maschinenkonfiguration nicht vorhanden ist. Bei rechtzeitiger Einschaltung des Buchbinders im Vorfeld ließe sich in den meisten Fällen eine Lösung finden, die sowohl den wirtschaftlichen als auch den drucktechnischen und den buchbinderischen Forderungen entspricht.

Die Zusammenstellung von Bogenteilen bei der Klebebindung ist relativ unproblematisch. Es muss nur darauf geachtet werden, dass der erste und letzte Bogen nicht aus einem zwei- bzw. vierseitigen Bogenteil besteht. Bei der Fadenheftung hingegen sind zusätzliche Kriterien zu beachten. So müssen beispielsweise zweiseitige Bogen an- oder eingeklebt werden, vierseitige Bogen angeklebt, umgelegt oder eingesteckt werden.

Einen immer größer werdenden Raum nehmen die so genannten „modernen Werbemittel" ein. Hier müssen wir dem Kunden besonders intensiv mit Rat und Tat zur Seite stehen, um ihm zu zeigen, was mit Beilagen machbar ist. Einige Beispiele sollen das verdeutlichen: \>\>

Ohne Buchbinderei und Druckverarbeitung gibt es keine gebrauchsfertigen Drucksachen. Erst der Buchbinder macht aus einem gedruckten Bogen Papier einen ordentlichen, gebrauchsfähigen Gegenstand. Daran hat sich trotz aller modernen Technik nichts geändert.

Dies gilt leider auch für die Stellung des Buchbinders im Produktionsprozess, der in aller Regel das letzte Glied in der Kette ist: Auch heute noch hat er kaum Einfluss auf die eigentlichen Auftraggeber. Meist ist er nur Ausführender im Auftrag des Druckers. Dies aber bringt Probleme mit sich, da die verarbeitungstechnischen Anforderungen an den Buchbinder ständig wachsen. So hat der Buchbinder mehr Maschinen zu betreuen als jeder andere Berufszweig im grafischen Gewerbe – er muss deshalb ein Spitzentechniker sein.

Den Drucker interessiert die Druckweiterverarbeitung in der Regel wenig. Dabei müsste dieser Bereich eigentlich für ihn von größtem Interesse sein, weil sich durch rechtzeitige Absprache die meisten Fehler – und damit auch entsprechende Reklamationen des Kunden – vermeiden ließen. Dies gilt auch für den Kunden selbst: Bei entsprechendem Kenntnisstand könnte er den Auftrag bereits in der Vorstufe fertigungsgerecht planen und gestalten lassen und sich so spätere Enttäuschungen ersparen. Stellvertretend seien hier falsche Ausschießschemen, Standfehler und falsche Laufrichtung des Papiers genannt.

Der Buchbinder hat folglich ein großes Interesse, bereits in die Planungsphase eines Produktes mit einbezogen zu werden. Dies aber bedeutet nicht nur dem Drucker, sondern besonders auch den davorliegenden Auftraggebern – Verlagen, Verlagsherstellern, Werbeagenturen u.a. – ständig mit fachlicher Beratung zur Verfügung zu stehen bzw. die Bereitschaft dazu zu signalisieren.

Dies erfordert, ihm als Fachmann gegenüberzutreten und Problemlösungen zu präsentieren. Damit aber müssen wir über sein Produkt und die Vermarktung des Artikels genauso gut Bescheid wissen wie über eventuelle Probleme des Kunden auf dem Markt. Andererseits muss der Kunden aber auch auf mögliche technische Probleme hingewiesen werden, damit er bereits bei der Planung seines Produktes optimale Voraussetzungen dafür schaffen kann, dass dabei ein gutes Produkt herauskommt.

So stellt sich bei (Erst-)Anfragen zu einem neuen Auftrag oft heraus, dass der Kunde selbst noch nicht so richtig weiß, was er eigentlich will. In diesem Fall sollte der Druckweiterverarbeiter unbedingt darauf dringen, bereits in der Planungsphase eingeschaltet zu werden, um nicht nachher retten zu müssen, was nicht mehr zu retten ist.

Frühzeitig erhaltene Angaben im Vorfeld des Auftrages helfen nicht nur, die Technik optimal auszunutzen und für einen reibungslosen Durchlauf des Produktes zu sorgen, sondern tragen auch dazu bei, dass bereits bei Auftragsbestätigung ein genauer Termin genannt werden kann. Termintreue ist heute einer der wichtigsten Bestandteile bei der Auftragsvergabe.

Dies betrifft auch die zunehmend wichtiger werdende Frage, wie der Versand ablaufen soll (z.B. nur eine Adresse, nach Verteiler, Teil auf Abruf an Lager, Postversand, Spedition usw.). Zuverlässigkeit in diesen Bereichen sorgt nicht nur für weniger Hektik im Verarbeitungsbetrieb und beim Kunden, sondern auch für eine bessere Auslastung der Maschinen (und damit höhere Effektivität, die sich im Preisvorteil für den Kunden niederschlagen kann). Dies alles trägt letztlich dazu bei, die Kundenbindung zu stärken – und sorgt so für künftigen Auftragsbestand.

Franz-Josef Vogl. Geschäftsführer | **DIV, Saarbrücken**

geboren 1949 | **1972 – 1974** Akademie für das Graphische Gewerbe, München | **1974 – 1976** Abteilungsleiter einer Großbuchbinderei | **1976 – 1983** Aufbau einer Industriebuchbinderei und Betriebsleiter einer Druckerei | **1983 – 1989** Leiter Industriebuchbinderei und Etikettenfertigung | **September 1989** Aufbau einer eigenen Industriebuchbinderei mit Broschurenfertigung in Klebebindung und Fadenheftung. Wire-O Bindung, Kalenderfertigung und Registerstanzen. | **Dezember 1997** Patent für die Herstellung einer Abheftbroschur – Mitglied im technischen Ausschuss Bundesverband Druck – Prüfungsausschuss IHK Saarland – Mitglied im technischen Beirat der Fogra

» Gutes bis zum Ende denken «

Tipps für Auftraggeber und Kreative

medienkraftwerk®

kommunikationsdesign

screendesign

internetdesign

crossmedia publishing

high end scans

elektronische bildverarbeitung

filmbelichtung bis 82,5 cm x 111,7 cm

digitale bogenmontage

analog und digitalproof

digitale grossprints

weiterverarbeitung

digitaldruck

offsetdruck

 **comm**worx® design

 **media**worx® prepress

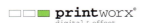 **print**worx® digital & offset

firmenanschrift	medienkraftwerk gmbh . felix-wankel-strasse 13 . 53881 euskirchen	
dialog	**telefon** +49 (0) 22 51. 14 89 - 0	**telefax** +49 (0) 22 51. 14 89 - 13
internet	**e-mail** info@medienkraftwerk.de	**http://** www.medienkraftwerk.de
datentransfer	**mac/win** +49 (0) 22 51. 14 89 - 70	

tung Bogen-zu-Bogen und Rolle-zu-Bogen ist jetzt Rolle-zu-Rolle möglich, was den Prägefoliendruck definitiv auch für größere Auflagen wirtschaftlich macht.

Potenziale, die es zu entdecken gilt

Damit wären wir beim Spektrum der Anwendungen, einem unerschöpflichen Wechselspiel mit Glanz und Strukturen, Farben und Effekten. Was man kennt, sind Faltschachteln, Etiketten, CD-Hüllen, Taschenbuch-Covers, Banderolen, Klarsicht-Verpackungen, Briefausstattungen, Glückwunschkarten, Wandkalender. Und, natürlich: Hundertwasser. Was es noch zu entdecken gibt, sind alle anderen Print-Objekte: Magazine, Ausstattungsbücher, Firmenbroschüren, Sicherheitshologramme für Markenprodukte, Kundenkarten und anderes mehr.

Es liegt an Ihnen, das Noch-nie-Gesehene zu gestalten, Akzente zu wagen, Zeichen zu setzen. Nehmen Sie diese Herausforderung an, nutzen Sie dieses Potenzial für Ihre Ideen, Aufgaben und Ziele.

Lobbyismus von edelster Art

Zum Arbeitskreis Prägefoliendruck e.V. haben sich namhafte Folienhersteller, Druckereien und Verpackungsspezialisten zusammengeschlossen. Ihr gemeinsames Ziel ist die Förderung des Prägefoliendrucks. Schwerpunkt seiner Tätigkeit sind

- die Bereitstellung von Informationen über neue Verfahren und Materialien
- die Entwicklung einer verständlichen, einheitlichen Terminologie und
- die Entwicklung von Kriterien und Empfehlungen für den Umweltschutz.

Der Arbeitskreis versteht sich als Ansprechpartner in allen Fragen des Prägefoliendrucks. Über das Kontaktbüro stellen wir Ihnen gerne Arbeitsunterlagen zur Verfügung. Außerdem können Sie sich vorbildliche Beispiele des Prägefoliendrucks auch im Internet anschauen, wobei wieder auf die eingängliche Warnung hingewiesen wird: Willkommen im wirklichen Leben.

Nähere Informationen: Arbeitskreis Prägefoliendruck e.V., kontaktbuero@ak-praegefoliendruck.de

>> New options for innovative design <<

Whether relief foil printing is junk or art depends on what you do with it. For a long time, it tempted only people dashing at everything that was shiny and expensive. Nowadays, relief foil printing offers several surprising, multi-dimensional and haptic sensations which make it interesting for applications of utmost sensitivity.

The material offered ranges from hologram and multiple light-ray-breaking diffraction foils up to transparent and silk-optic metallic printing foils. Its production and composting is non-polluting.

At the same time, the technique has become faster and is thus more profitable for larger editions. It allows digital recording and reproducing. Besides, the fabrication of the metal tools has become significantly less polluting, too.

The Arbeitskreis Prägefoliendruck stands for high-quality, steady technical improvement and competence in all questions of production. It would like to inspire you to experiment with these materials and use their options for innovative design of magazines, books and image brochures. (further information: kontaktbuero@ak-praegefoliendruck.de)

>> **Warnung**

Die ungeschützte Lektüre dieses Artikels kann gut gepflegte Vorurteile ins Wanken bringen oder Sünden der Unterlassung offen legen. Schlimmer noch: Geglückte Anwendungen des Prägefoliendrucks können die Sphären des Screen-designs als rein virtuell entlarven und Sie wieder zurück ins wirkliche Leben holen. Arbeitskreis Prägefoliendruck

Alle Gestalter, Marketing- und Kommunikationsspezialisten beiderlei Geschlechts, alle Auftraggeber und Auftragnehmer aufgepasst! Dieser Artikel schildert Ihnen den Stand des an sich bekannten Prägefoliendrucks. Kommen Sie mit auf die Entdeckungsreise und lernen Sie dessen gestalterisches Potenzial kennen.

Kitsch oder Kunst?

Es kommt drauf an, was man draus macht. Dieses Beton-Zitat trifft auch den Prägefoliendruck recht genau. Lange Zeit galt er als Lockmittel für Leute, die sich auf alles stürzen, wenn es nur glänzt und teuer wirkt. Daraus resultierte eine Art elitäres Naserümpfen der Designer, belegt mit treffsicher selektierten Beispielen. In der Tat ist nicht alles Gold was glänzt, die Dosis macht die Medizin, oder, wie Dieter Rams empfiehlt: „Weniger, aber besser."

Look and Feel

Für alle, denen die Terminologie der Printmedien abhanden gekommen ist: Prägefolien sind Interface pur, Grenzschichten zwischen Rezipient und Medium. Mit optischen, haptischen und taktilen Signalen reizen sie unsere Rezeptoren, erheischen Beachtung, signalisieren Trends, prägen Werte; sie überraschen, irritieren, beeindrucken.

Da gibt's richtig was zu sehen, und wenn es nur das eigene Antlitz in einer Spiegelfolie ist. Oder das 3-D-Bild eines Sicherheitshologramms. Oder ein Links-Rechts-Effekt. Oder fluoreszierende Farben. Oder, oder, oder ...

Und es gibt was zu fühlen, weil im Ganzen anzupacken und im Detail zu ertasten. Diese Mehrdimensionalität des Look-and-Feel macht den Prägefoliendruck so einzigartig. Bevor also Ihre rechte Hand vollends zur Maushand mutiert und sich an Touchscreens vergreift: back to the roots – zum Handfesten.

Was ist neu?

Im Prinzip hat sich nicht viel verändert (das lässt sich auch vom Auto oder der Eisenbahn sagen), wohl aber an den gestalterischen und technischen Möglichkeiten:

1. Immer wieder neu ist das Angebot an Folien, die keineswegs glänzen müssen, sondern dem Gestalter eine fast unbegrenzte Vielfalt offerieren. Zu den augenfälligsten Entwicklungen zählen Hologramm-Prägefolien, ein- und mehrfach lichtbrechende Diffraction-Prägefolien, Transparentfolien und metallisierte Seidenglanz-Prägefolien. Übrigens erfüllen Prägefolien die einschlägen Umweltschutzgesetze, sind frei von Gefahrenstoffen und lassen sich problemlos entsorgen.

2. Neu sind technische Verfahren, die den Prägefoliendruck schneller und für größere Auflagen attraktiv machen. Mehrstufige und plastische Reliefs lassen sich digital aufzeichen und reproduzieren. Prägewerkzeuge werden nicht mehr aus Magnesium geätzt, sondern aus Messing CNC-gefräst – ein für die Umwelt deutlich verträglicheres Verfahren. Positionierungssysteme und layoutgemäße Grundplatten mit auswechselbaren Werkzeugsätzen verkürzen die Ein- und Umrichtezeiten der Prägefoliendruckmaschinen. Die „Rund-auf-Rund"-Veredelung schafft bis zu 10 000 Bogen pro Stunde. Nach der Verarbei- >>

Volkhard Chudzinski.

Gelernter Tiefdruckätzer beim Axel Springer Verlag, danach einige Jahre Instrukteur für Helioklischograph bei Dr.-Ing. Rudolf Hell | Studium an der Werbefachlichen Akademie Hamburg | Praxis in Werbeagenturen, zuletzt Creative Director bei Ogilvy & Mather, Zürich | **seit 1989** freier Konzepter und Texter in Volketswil bei Zürich.

» Look and Feel «

Neue Impulse für innovatives Design

MUSEUM *

Verbales Schulterklopfen können wir natürlich auch brauchen. Aber das allein reicht nicht. Die riesige Zeitschriftensammlung benötigt:

◦ Räume. Große Räume für Archiv, Ausstellungshalle und Café. Und:
◦ Zwei Dutzend Scanner, um die Sammlung fürs Internet aufzubereiten. Und:
◦ Ein paar Leute, die diese Scans machen und das Archiv verwalten. Das kostet:
◦ **Geld**. Und das kommt am besten von:
◦ Sponsoren und Mäzenen, die damit Ruhm und Unsterblichkeit erlangen können.

Kontakt: independent Medien-Design, Horst Moser, Tel. 0 89 / 29 00 15-0
Fax: 0 89 / 29 00 15-15   horst-moser@independent-medien-design.de

* in Gründung

>> Was nottut, ist also ein Zeitschriftenarchiv. Vor einem Jahr habe ich einen diesbezüglichen Vorstoß in der Landeshauptstadt München unternommen. Herr Ude hat auch brav diverse Leute geschickt. Mal einen Wirtschaftsreferenten, dann einen aus dem Kulturreferat, zuvor eine Stadträtin. Alle diese Leute konnten jedoch nichts weiter, als sich gegenseitig ihre Unzuständigkeit attestieren.

Der agile Ude treibt lieber mittels seiner rabiaten Verkehrsministerin für Millionen von Mark den berufsbedingt mobilen Menschen zur Weißglut. Allein im großen Stau-Sommer des Jahres 2000 ließ die Baubehörde an fünfzehntausend Straßenbaustellen im Stadtgebiet herumwurschteln. Meist überflüssigste Maßnahmen, Marke „Stolperschwellen" und freizeitparkmäßige Rückbaumaßnahmen Marke „Unser Dorf soll schöner werden". Und fürs Zeitschriftenmuseum bleibt deshalb kein Geld. Dann muß man das Projekt eben privat finanzieren.

Wo ist der rüstige Mäzen, der sich damit einen Ehrenplatz im Reich der Unsterblichkeit sichern möchte? Weitere Informationen entnehmen Sie bitte nebenstehender Anzeige. <<

>> Journals at their doom? <<

>> Picasso, Warhol, Dalí, Schwitters, Rodtschenko, Miró, Braque, Chagall, Hemingway, Joyce, Kandinsky, Klee, Matisse and Sartre – none of them was too snobby to work for journals.

Journals have changed the world. All basic innovations have been published in journals at first. Important poets, authors and philosophers – all of them had their thoughts and ambitious projects published in journals.

But journals do not only consist of texts. In comparison to books, design here is much more costly and much more keen on experimenting. Photography, illustrations and copy closely collaborate. Acknowledged designers helped this medium find its place in the hall of fame of arts – let's only think of Lissitzky, Laszlo Moholy-Nagy, Alexey Brodovitch, Alexander Liberman and Willy Fleckhaus.

But where can I study copies of *Fortune* volume 1940 today? Who can offer free disposal at all copies of *Life* ever published – the magazine that exercised the perhaps most important visual influence? And while dealing with the design of the eighties, you will necessarily have to take a look at the first editions of *The Face* designed by Neville Brody. But: single please, not bound in block.

It is absurd that journals – though actually cheap in buy – are nowhere to be found in public records.

Journal comprise the genius of every period in a way that you cannot do without them. This applies not only to big names such as *National Geographic*, *The New Yorker*, *Vu*, or *The Economist*. Not even publishers are able to provide you with the first editions of magazines like *Capital* or *Computerwoche*.

This is why a public record for journals is indispensable. My efforts to interest the city of Munich failed. Is there a maecenas in search of the heaven of immortality? *(more information on page 65)* <<

>> tration und Typografie wirken zusammen. Große Gestalter haben das Medium in höchste künstlerische Sphären gehoben. Erinnert sei an Lissitzky, Laszlo Moholy-Nagy, Alexey Brodovitch, Alexander Liberman und Willy Fleckhaus. Dada und Expressionismus haben unzählige Zeitschriften, oft mit Manifestcharakter und meist in kleinsten Auflagen, hervorgebracht.

Aber wo kann ich denn heute *Fortune*-Ausgaben aus den 40er Jahren studieren? (Und ich kann mit Nachdruck versichern, dass dieses Studium sehr lohnend ist.) Kann mir jemand sagen, wo die amerikanische Zeitschrift *Life*, vielleicht das visuell einflußreichste Magazin aller Zeiten, komplett vorhanden ist? Und zwar für den Interessierten auch zugänglich? Hat jemand (außer dem Berliner Kunstmuseum) die allerseltensten Nummern der deutschen *Vogue* aus den Zwanziger Jahren, die nur ein paar Jahre unter der visuellen Regie von Ferenc Agha erschienen? Aber nicht zusammengebunden, so dass ein Teil des Titels im Bund verschwindet, sondern als Einzelheft. Leider bekommen Sie ja in dieser Form nicht mal mehr eine x-beliebige Ausgabe des *stern*, falls Sie mal ein Einzelheft reproduzieren möchten.

Absurd ist, daß Zeitschriften, in der Anschaffung eigentlich spottbillig, nirgends allgemein zugänglich bewahrt werden. Und sage keiner: Junger Mann, gehnse in die Staatsbibliothek, da ist doch alles piccobello archiviert. Haben Sie schon mal versucht, eine *Harper's Bazaar* von 1939 zu bekommen? Oder wer sich mit dem Design der 80er Jahre beschäftigt, kommt an den von Neville Brody gestalteten ersten Jahrgängen von *The Face* nicht vorbei. Aber wo sind die? Für die erwähnte Harper's Bazaar von 1939 habe ich in New York pro Einzelheft ca. 300 Mark bezahlt. In Paris kostet die gleiche Ausgabe sogar noch etwas mehr. Aber immerhin gibt es in New York und Paris – anders als im Land des galoppierenden Ensembleschutzes – ein paar Läden, wo man sowas überhaupt noch bekommt.

Zeitschriften verdichten den Zeitgeist so komprimiert, daß sie als Quelle für Kulturgeschichte unentbehrlich sind. Und nicht nur die großen Namen wie *Berliner Illustrierte*, *National Geographic*, *The New Yorker*, *Vu*, *The Economist* usw., auch in den kurzlebigen und scheinbar unbedeutenden ist der wertvolle Originalton gespeichert. Nicht einmal die Verlage können die eigenen Zeitschriften komplett zur Einsicht präsentieren. Fragen Sie mal nach der Erstausgabe der *Computerwoche* oder nach der zweiten Nummer von *Capital* oder oder oder. Fehlanzeige. >>

>> sich ohnehin schon tief unter dem Existenzminimum zuschanden arbeitenden Schmidt nach § 166 und 184 StGB einen Prozeß anstrengte. Nicht auszudenken, hätte der Richter die hohe Geldstrafe gegen das größte Schriftstellertalent der Nachkriegszeit tatsächlich verhängt. Jener Satz des Anstoßes lautete übrigens: „Der ‚Herr', ohne dessen Willen kein Sperling vom Dach fällt oder zehn Millionen im KZ vergast werden: Das müßte schon ne merkwürdige Type sein – wenn's ihn jetzt gäbe". Wer sich nicht – wie die orthodoxen Gottesmänner – feige in scholastisch-rabulistische Erklärungen vom seltsam-ergründlichen Ratschluß Gottes flüchtet, muß zugeben, daß Schmidt doch wohl recht hat, oder nicht?

Picasso, Warhol, Dalí, Schwitters, Rodtschenko, Miró, Braque, Chagall, Hemingway, Joyce, Kandinsky, Klee, Matisse und Sartre, alle waren sich nicht zu fein, für Magazine zu arbeiten.

Zeitschriften haben die Welt verändert. Einsteins Relativitätstheorie, die Grundlage unseres Weltbildes (auch wenn in unregelmäßigen Abständen Tunneleffekte und Anti-Gravitations-Phänomene im Weltraum-Nachtprogramm des Bayerischen Fernsehens die Konstante der Lichtgeschwindigkeit zu unterminieren versuchen), wurde in ihrer Urfassung in einer Zeitschrift publiziert.

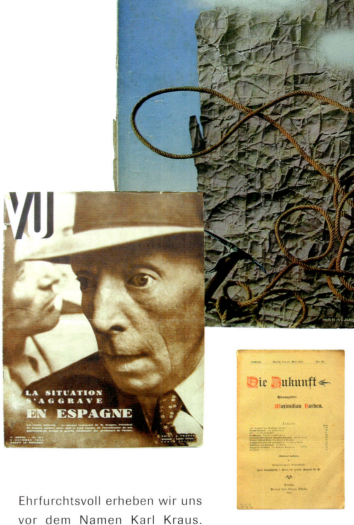

Ehrfurchtsvoll erheben wir uns vor dem Namen Karl Kraus. Sein Hauptwerk, *Die Fackel*, war eine Zeitschrift. Sie hat zwar der 1. Weltkrieg nicht verhindern können, aber so radikal wie er hat wohl vor ihm und (Tschuldigung, Herr Gremliza) nach ihm niemand mehr die üble Melange aus schleimiger Selbstgefälligkeit, militantem Nationalismus und sprachlicher Perversion zu einem kritischen Gesamtkunstwerk komponiert.

Etwa gleichzeitig schrieben Kurt Tucholsky und Carl von Ossietzky für eine der kulturell prägendsten Zeitschriften, die es je im deutschen Sprachraum gab: *Weltbühne* (vormals *Schaubühne*).

Ende der 60er Jahre entstand unter der Regie von Hans-Magnus Enzensberger ein ähnlich ambitioniertes Projekt in Zeitschriftenform: Das *Kursbuch*.

Aber Zeitschriften bestehen nicht nur aus Texten. Gegenüber dem Buch ist die Gestaltung oft aufwendiger und experimentierfreudiger. Fotografie, Illus- >>

>> Um mal ganz weitschweifig-behäbig – gegen alle Regeln, die es zum Thema „Eröffnung von Besinnungsaufsätzen" gibt – anzufangen; nicht gleich mit der Tür ins Haus fallend, den Leser packend und fesselnd und bis zum Schluß nicht wieder loslassend. Und auch nicht mit kurzen Satzhäppchen, die angeblich so beliebt sind. So also nicht. Zwar auch nicht bei Goethe beginnend, aber – bei Aubrey Beardsley, bei jenem immer kränkelnden Künstler, der nur in abgedunkelten Räumen seine filigranen Figurengewebe zeichnen konnte, in deren Liniengewirr er meist ein kleines Perversiönchen (falls man die Abbildung primärer und sekundärer menschlicher Geschlechtsteile dazu zählen mag) versteckte, was die damaligen – wir befinden uns im ausgehenden 19. Jahrhundert – Betschwestern beiderlei Geschlechts aufs höchste erröten ließ (ich wünsche mir übrigens, dass dieser Aufsatz nach alter Rechtschreibung gesetzt wird, also mit scharfem Ess, und nicht gemäß jener deppischen Reform, die Tipp mit zwei Pee schreibt). Oh, wie ich sie hasse, diese Kultusministerkonferenzbeauftragten, allein schon deshalb, weil sie mich zwingen, eine reaktionäre Position einzunehmen.

So – nun sind wir unter uns, die „action"- und „Faktenfaktenfakten"-people haben die einführenden Schachtelsätze, in ihrem unstillbarem Durst nach news, die in hechelnden Zeilen am unteren Rand vorbeisausen oder auf dem internetfähigen Handy-Display sofort abrufbar blablabla.

Zurück zu Beardsley. Er war sich nämlich nicht zu fein, für so etwas Triviales wie Zeitschriften Illustrationen anzufertigen, und er gründete sogar am Ende seines ach so kurzen 39jährigen Lebens selbst eine: The *Yellow Book*. Der einzige Schönheitsfehler daran war, daß er sich offensichtlich nicht traute, das Ding "magazine" zu nennen.

Bei der Aufzählung jener Eideshelfer, die den hohen kulturellen Wert von Zeitschriften bezeugen sollen, darf der – laut Arno Schmidt – größte Schriftsteller des vergangenen Jahrhunderts, Edgar Allen Poe, nicht fehlen. Seine wichtigsten Texte, deren kunstreiche Wortmagie danach nie mehr erreicht wurde, veröffentlichte er in Zeitschriften – und ging daran zugrunde.

Arno Schmidt selbst wäre ebenfalls fast zugrunde gegangen, weil er einen Text in einer Zeitschrift (*texte und zeichen*) veröffentlichte. Das Stück hieß „Seelandschaft mit Pocahontas" und enthielt Stellen, in denen ein frommes Männchen Gotteslästerung witterte und gegen den >>

Horst Moser. Editorial Designer | **Inhaber Independent Medien-Design, München**

Mit seinem Full-service-Team konzipierte und gestaltete er bereits mehr als 50 Zeitschriften im In- und Ausland.

>> Sein oder Nichtsein <<

Zeitschriftengestaltung bald ohne Inspiration?

>> **Has the occupation of a photographer changed with the years? Is there anything you would like to pass on to young professionals?**

To be a photographer today is not a question of just taking pictures. It is the media that is so important. Since real image making, photography is the historical human memory. All you remember you remember by photographs. Take your grandfather, for instance: he is always old, with his kindliness, his white hair – just because of the photograph you hung up to the wall.

We are what we are in picture. Pictures are the only immortal part of us.

To be a photographer today is not the same as it was 30 or 40 years ago.

Nowadays, the photographer takes a great responsibility. Unfortunately, most of today's photographers are not as intelligent as the media demands them to be. They are mainly technicians, but not apt to handle the media. And unfortunately, the average level of preparation is not sufficient.

That is why writing is much easier. It gives room to interpretation. But in photography, there is no objective or „right" way to see. Everybody sees things differently, of his background.

But photography gives way to interpretation, too, doesn't it?

Since photography is there, history changed. 90 percent of what we know is by pictures. We see things through photographer's eyes. We live in a world of image, the interpretation of the whole world goes through a world of image, even politics.

What Napoleon did was perhaps worse than what Hitler did. The only problem is that we have no photos of that. Photography creates a new reality.

You once said: „I feel that there is still a vocation waiting for me". What kind of vocation will that be?

That I will know when I grow up.

When is that?

When I start to work.

But you are working, aren't you?

No. I never worked. I always did what I wanted to do. That is not working. That is freedom!

I am free – free to do what I like. That is very special. Most people don't like this kind of freedom. They don't want to take responsibility. It is a burden to them. Imagine – no one telling them what to do or to think!

My opinion is: You have to try, to risk, to fail, to try again. You can't be happy and be secure at the same time. Everything is just opposite to what you can see on TV or what your teachers have been telling you …

Mr. Toscani, thank you for the interview. <<

>> Why then did it provoke to such an intense discussion?

The situation I showed with this picture was a channel that does not exist in an advertising world. Advertising is a world of consumption, of wellness, of beauty. Pictures like these are not wanted.

What is your world?

The world of life and death. Of reality.

Isn't it difficult to cope with rejection?

In your work, you shouldn't look for consent. The most important thing is tolerance when being criticized. And to bring tolerance to where there is a lack of it.

This is a totally racist world and a world of mediocrity, in politics as well as in corporations and organizations. I hate corporations dividing people by sex, colours and beliefs. That is like people who exploit humanity and then pretend charity, who for instance have become rich by selling arms and then give alms.

You told me once that you still have a lot of stories to deal with. What are they?

There are still a lot of important subjects to cover – and a lot of problems that have not been solved yet: Education, the press, TV, consumption …

People long for consent, but what we have is a world in which everybody is afraid and scared.

Do you think your pictures contribute to make people less scared?

No. But my pictures make them aware that they are afraid – they scare them even more.

Why then to you take your pictures that way? Isn't it an obligation towards humanity to give people happiness and nice feelings?

I think that knowledge is important. Knowledge is the base to everything. If you don't know about your fears, you cannot solve the problems that scare you – and you will not have the energy to do so. Ignorance provokes violence, intolerance and fear. Knowledge helps eliminate them.

What do you like about your actual work at *TALK* Magazine?

How come you do something that is so completely different to the work you did before?

I like experiences. And *TALK* is a real big experience. I did it for three reasons.

1: It gave me the chance to work in New York.

2: I gain new experience in doing things I haven't done for a long time. And

3: I meet people there who are very useful for my new project.

What new project?

It's an internet portal based on communication. There, I'm the chief of this group of young people. I like working with young people. And I like working with myself – I am always the youngest there. It is not a question of age or physical status – although I sometimes get frightened when looking in the mirror and seeing this old man who is me. But I don't feel that way. All my life I dealt with persons who were much younger than me. It inspires me, makes me feel young myself and besides, I can continue the work we did in the FABRICA. >>

>> Have you seen August Sander's actual exhibition in Cologne?

No, but I don't need to. I know all of his pictures by heart. If you know one you know them all. It is always the same: They are straight forward and honest.

In what way did he inspire you and your work?

I like their simplicity of his pictures – and at the same time their intensity.

Is his way of taking pictures the same as your's?

No, but looking at his pictures gives me the energy of going ahead with mine. He gives me the energy to to the pictures my way.

Do you prefer still life or human beings?

Well, human beings, naturally. But isn't everything a symbol of humanity? Take a tree, for instance, or an autobahn – they all refer to human beings.

Do you tell people what to do when they pose as models for you – how to sit or act, what side of their character to show?

No. I just take a picture the way I see it. People often don't know themselves – so how can I tell them to act in a certain way? I photograph them the way I want it and how I see what seems important to me.

Don't the people you work for tell you what to concentrate on or which motives to take?

They can tell me what they want to. But the only way I can do the pictures is my way. Sometimes I propose subjects to them, and if they say „go ahead" I go ahead.

Was this also the case in the „Real People Campaign" you realized for ESPRIT in 1979? It was a sensation at that time – who had the idea?

I proposed to them not to take models but to take pictures of „normal" people walking to their shop. They liked the idea, and so we did it.

How do you know what to concentrate on? Do you discuss strategic aspects of a campaign?

No. I just go by instinct. That is why I don't like other people in my studio while working. Art directors for instance, or marketing managers.

Do they make you nervous? Do they talk too much?

No. I don't need them. They are like people who haven't paid for the show. Although people who do not have enough money to pay for things are often more valuable than people who have enough money to buy everything.

What is the difference between your motives and the Diesel campaigns?

There is a basic difference. Diesel uses motives of people having some fun or on idiotic issues. I deal with real issues. With reality, with actual problems. Our work is completely opposite.

When working on a campaign do you only use own pictures?

No. Take this picture of the warrior carrying a human bone like a rifle over his shoulder, for instance. This was a picture that already existed and which a lot of people had seen before. I just „recycled" it. >>

>> Creativity should disturb <<

>> **Mr. Toscani, how did you get to become a photographer: was it profession or vocation?**

Oliviero Toscani: In fact, I never chose this profession. My father was a news photographer, he worked for Corriere Della Sera. He took me with him every time I was on vacation to photograph the news to his set dates, from tragedies to the football matches. I could watch him working.

Everybody in my family was a photographer, I just helped at home. I already began to take pictures when I was small. After the regular school, I went to the Kunstgewerbeschule in Zurich to study photography.

I believe that it is a great priviledge not having to choose your profession. You don't approach it intellectually then, you just see it as a job.

How come people see you as an intellectual in your work?

It is a sign of mediocracy if people elevate themself to an intellectual status. I am not an intellectual. I conjugate things on very simple concepts. My approach is not glamourous: you have to be concerned to do your work, that's all.

What makes you so successful?

There are no rules. You simply have to try to find your style, just be yourself.

I don't care what other people say. I just try to do my work in a way I like it, in a way that is my way. – I never did anything with the intention of becoming rich or famous. I just try to do a good job. Just like my father: He worked to feed us – which was difficult enough. He just did his job, and that's what I do.

I don't follow any styles or fashions – I would rather be a bad myself than a copy of somebody else. That is why I couldn't do anything I wouldn't want or like to do. Although I believe that everything I did could have been done better and that I could have done more, that there are many things that I didn't do. A big waste of time. And I sometimes feel that there still is a vocation calling for me.

What makes a good photographer?

There are many ways to be good. To be good can mean to be very commercial, please certain fashions, or just be accepted. But to be good can also mean to be very much rejected. Creativity, art in general should provoke problems, give new perspectives, reset the scale of values: creativity should disturb.

Take August Sander *(see footnote on page 54)*, for instance, the important German photographer. His work contributed to a new perspective and a different evaluation of the less priviledged people of his time and their living conditions.

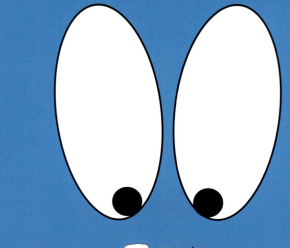

Jetzt gibt es die ultimative Kultcollection zum Bläck Fööss Musikwettbewerb der Stadtsparkasse Köln mit V-Shirts, Caps, Kölschgläsern, Kölschglas-Kranz direkt in der Hauptstelle, Hahnenstraße 57 oder bei der Unternehmenskommunikation, Schaafenstraße 7 in Köln. Den Collections-Prospekt mit Bestellmöglichkeit erhalten Sie in jeder Geschäftsstelle der Stadtsparkasse Köln oder im Internet unter: www.letsfoeoess.de. Get it now!

gehen. Und leider werden sie auf den richtigen Umgang mit diesem Medium auch nicht ausreichend vorbereitet.

Schriftsteller zu sein ist da einfacher. Geschriebenes lässt dem Leser bewusst Raum für Interpretationen. In der Fotografie jedoch gibt es keinen objektiven, keinen „richtigen" Weg, die Dinge zu sehen. Jeder sieht die Dinge unterschiedlich, vor seinem eigenen Hintergrund.

Gibt denn die Fotografie nicht auch Raum für Interpretationen?

Sicher ist: Seit es die Fotografie gibt, hat sich auch die Geschichte verändert. Denn: 90 Prozent dessen, an das wir uns erinnern, erinnern wir uns durch Bilder. Diese Bilder aber sehen wir durch die Augen eines Fotografen. Das heißt: Wir leben in einer Welt der Bilder; die Interpretation der ganzen Welt, sogar der Politik, erfolgt durch die Welt der Bilder.

Vielleicht war das, was Napoleon tat, viel schlimmer als das, was Hitler angerichtet hat? Das Problem ist: Davon gibt es keine Bilder – von den Gräueltaten Hitlers schon. Fotografie schafft eine neue Realität.

Sie haben einmal gesagt: „Ich habe das Gefühl, auf mich wartet noch eine Berufung." Welche Art von Berufung meinen Sie?

Das werde ich wissen, wenn ich erwachsen bin.

Wann wird das sein?

Wenn ich anfangen werde, zu arbeiten.

Arbeiten Sie denn nicht?

Nein. Ich habe nie „gearbeitet". Ich habe immer getan, was ich wollte. Das ist keine Arbeit, das ist Freiheit!

Ich bin frei – frei, das zu tun, was ich möchte. Das ist etwas sehr Wertvolles. Die meisten Menschen mögen diese Art von Freiheit nicht. Sie möchten keine Verantwortung übernehmen. Es ist ihnen eine Last. Stellen Sie sich vor – keiner, der ihnen sagt, was sie zu tun und zu lassen oder was sie zu denken haben!

Ich meine: Es macht den Menschen aus, dass er Dinge versucht, ein Risiko eingeht, damit scheitert – und wieder von vorn anfängt. Man kann nicht gleichzeitig glücklich und sicher sein. – Eigentlich ist alles genau entgegengesetzt zu dem, was Sie tagtäglich im Fernsehen sehen oder was Ihnen Ihre Lehrer erzählt haben …

Herr Toscani, wir danken für das Gespräch.

Das Interview führte Birgit Laube.

August Sander (1876-1964) zählt zu den großen Fotografen des 20. Jahrhunderts. Bekannt wurde er insbesondere durch seine Porträtaufnahmen (Hauptwerk: Die Menschen des 20. Jahrhunderts), aber auch durch Landschafts-, Botanik- und Architekturaufnahmen. In seinen Porträts gelang es ihm, die Persönlichkeit und das Typische des Menschen darzustellen: Er fotografierte Vertreter verschiedenster Berufe und sozialer Schichten und dokumentierte so die Gesellschaft der 20er und 30er Jahre (nähere Informationen: www.herdorf.de).

winning team

people in the graphic arts industry

Die Drupa 2000 überraschte nicht nur mit Rekordzahlen, sondern bescherte der Branche – neben allen statistischen wie technischen Superlativen – eine ungewöhnliche Dokumentation in Buchform: das »workbook«. Der Fotograf Jim Rakete erstellte mehrere Monate lang gemeinsam mit der Heidelberger Druckmaschinen AG über alle Kontinente hinweg ein lebendiges Porträt der Protagonisten der grafischen Industrie. Der Weltmarktführer aus Heidelberg bedankt sich damit auf seine Weise bei all denen, die erfolgreich mit ihren Produkten arbeiten und dazu beigetragen haben, dass Bilder und Buch entstehen konnten.

>> **Was gefällt Ihnen an Ihrer aktuellen Arbeit beim *TALK Magazine*? Wie kommt es, dass Sie heute etwas tun, was sich grundlegend von Ihrer bisherigen Arbeit unterscheidet?**

Ich mag Experimente. Und *TALK* ist ein wirklich großes Experiment.

Ich ging aus drei Gründen zu *TALK*:

1. Es gab mir die Möglichkeit, in New York zu arbeiten.

2. Ich gewinne aktuelle Erfahrungen in Bereichen, in denen ich lange nicht mehr gearbeitet habe.

3. Ich treffe dort viele Menschen, die nützlich für mein neues Projekt sind.

Welches neue Projekt?

Ein Internet-Portal, das sich mit Kommunikation befasst. Ich bin dort der Chef einer Gruppe von jungen Leuten – ich mag es, mit jungen Leuten zu arbeiten. Und ich mag es, mit mir selbst zu arbeiten – ich bin immer der Jüngste dort. Es ist aber keine Frage des Alters oder des körperlichen Zustands – obwohl ich mich manchmal erschrecke, wenn ich in den Spiegel sehe und diesen alten Mann darin sehe – mich. Aber ich fühle mich nicht alt. Mein ganzes Leben lang habe ich mit Personen zu tun gehabt, die viel jünger waren als ich. Es inspiriert mich und gibt mir das Gefühl, jung zu sein. Außerdem kann ich auf diese Weise die Arbeit fortsetzen, die wir damals in der FABRICA gemacht haben.

Hat sich der Beruf eines Fotografen im Laufe der Jahre verändert? Was würden Sie denn dem Nachwuchs mitgeben?

Heute ein Fotograf zu sein, bedeutet nicht, einfach nur Bilder zu machen. Es ist das Medium Bild, das den Beruf so schwierig macht. Seitdem Bilder dokumentarischen Charakter haben, bestimmt die Fotografie das historische menschliche Gedächtnis: An alles, an das Sie sich erinnern, erinnern Sie sich durch Fotos. Nehmen Sie beispielsweise Ihren Großvater: Er ist immer alt, mit seiner Güte und seinen weißen Haaren – und das nur durch das Foto, das Sie von ihm aufgehängt haben.

Wir sind, was wir sind, durch Bilder. Fotos sind der einzig unsterbliche Teil von uns. Heute Fotograf zu sein, ist deshalb etwas anderes als vor 30 oder 40 Jahren; der Fotograf trägt eine große Verantwortung. Leider ist aber die Mehrzahl der heutigen Fotografen nicht so intelligent, wie das Medium es von ihnen verlangt. Das heißt: Sie sind überwiegend gute Techniker, können aber nicht mit dem Medium um- >>

>> **Ist Zurückweisung auf Dauer nicht schwer auszuhalten?**

Ach wissen Sie, wenn Sie von Ihrer Arbeit überzeugt sind, sollten Sie nicht auf Übereinstimmung ausgerichtet sein. Wichtig ist doch, dass Toleranz herrscht, wenn Kritik geübt wird – und dass man Toleranz in die Bereiche trägt, in denen sie fehlt.

Diese Welt ist eigentlich total rassistisch und mittelmäßig – egal, ob Sie nun die Politik oder Institutionen und sonstige Gebilde nehmen. Ich beispielsweise hasse alles, was Menschen nach Geschlecht, Farbe oder Glauben beurteilt und sie so in vermeintlich Gute und Böse aufteilt. Dies erinnert mich an Leute, die andere Menschen erst ausbeuten und sich dann als Wohltäter aufführen – beispielsweise, wenn sie durch Waffengeschäfte reich wurden und dann gnädig etwas spenden.

Sie haben erwähnt, dass es noch viele Themen gibt, mit denen Sie sich gern befassen würden – welche?

Es gibt wirklich noch eine ganze Menge wichtiger Themen, mit denen man sich dringend auseinandersetzen müsste – und eine Menge Probleme, die bis heute ungelöst sind: Bildung, die Medien, das Fernsehen, die Verschwendung von Ressourcen. Menschen sehnen sich nach Konsens, nach Übereinstimmung. Aber leider leben wir in einer Welt, in der jeder Angst hat und eingeschüchtert ist.

Meinen Sie denn, dass Ihre Bilder dazu beitragen, dass die Leute weniger Angst haben?

Nein. Aber meine Bilder machen ihnen bewusst, dass sie Angst haben – eigentlich erschrecken sie sie noch zusätzlich.

Und warum machen Sie dann diese Bilder? Wäre es nicht eher eine Verpflichtung der Menschheit gegenüber, Freude und angenehme Gefühle zu verbreiten?

Ich denke, entscheidend ist das Wissen um die Dinge, um das „Weshalb". Wissen ist Grundlage für alles: Wenn Sie nicht wissen, was Ihnen Angst macht, können Sie die Probleme nicht lösen, die Sie ängstigen – und Sie werden nicht die Energie aufbringen, dies zu tun. Unwissen provoziert Gewalt, Intoleranz und Furcht. Wissen hingegen trägt dazu bei, dass man diese beseitigen kann. >>

>> ist mein eigener Weg. Manchmal schlage ich ihnen auch Motive vor, und wenn sie „o.k." sagen, dann mache ich es.

So wie 1979, als Sie die „Real People Campaign" für Esprit umgesetzt haben? Das war damals eine Sensation – wer hatte die Idee?

Ich schlug damals vor, keine professionellen Models zu nehmen, sondern Bilder von ganz normalen Leuten zu machen, die in ihre Läden kamen. Die Auftraggeber fanden die Idee gut, also haben wir sie umgesetzt.

Woher wissen Sie, worauf Sie sich konzentrieren müssen? Diskutieren Sie strategische Aspekte einer Kampagne?

Nein. Ich verlasse mich auf meinen Instinkt. Deshalb mag ich auch keine anderen Leute im Studio, wenn ich arbeite. Art-Direktoren, zum Beispiel, oder Marketing-Manager.

Machen die Sie nervös?

Nein. Ich brauche sie einfach nicht. Sagen wir so: Sie haben für die Veranstaltung keinen Eintritt bezahlt. Obwohl viele Leute mit ausgesprochen wenig Geld oft erheblich wertvoller sind als solche, die genug Geld haben, um sich alles zu leisten.

Was ist eigentlich der Unterschied zwischen Ihren Motiven und den Kampagnen von Diesel?

Da gibt es einen grundlegenden Unterschied: Diesel benutzt Motive von Leuten, die einfach nur Spaß haben, oder Motive mit irgendwelchen idiotischen Themen. Ich arbeite mit realen Themen. Mit der Wirklichkeit, mit aktuellen Problemen. Unsere Arbeit ist völlig gegensätzlich.

Wenn Sie an einer Kampagne arbeiten: Benutzen Sie ausschließlich eigenes Bildmaterial?

Nein. Nehmen Sie beispielsweise das Bild mit dem Krieger, der einen menschlichen Knochen wie ein Gewehr über seiner Schulter trägt. Dieses Bild existierte bereits, eine Vielzahl von Menschen hatte es bereits vorher gesehen. Ich habe es lediglich „recycled".

Warum hat es dann diese intensive öffentliche Diskussion ausgelöst?

Die Situation, die ich mit diesem Bild aufzeigte, war eine Ebene, die in der Welt der Werbung nicht existiert. Werbung ist eine Welt des Konsums, des Wohlfühlens, der Schönheit. Bilder wie diese sind dort unerwünscht.

Und welche ist Ihre Welt?

Die Welt von Leben und Tod. Die Wirklichkeit. >>

>> **Was macht denn einen guten Fotografen aus?**

Ach wissen Sie – was heißt gut? Es gibt viele Wege, um gut zu sein. Gut sein, das kann bedeuten, sehr kommerziell zu sein, bestimmten Mode-Trends zu genügen – oder auch einfach anerkannt zu sein. Gut sein kann aber auch heißen: Widerspruch auszulösen, in starkem Maße abgelehnt zu werden. Was ist denn der tiefere Sinn von Kreativität und Kunst im Allgemeinen? Sie sollte provozieren, Probleme deutlich machen, neue Perspektiven aufzeigen, Wertmaßstäbe verändern, kurz gesagt: Kreativität sollte aufrütteln, stören.

Nehmen Sie nur August Sander, den berühmten deutschen Fotografen. Seine Arbeit trug zu einer grundlegend neuen Sicht menschlicher Lebensbedingungen und des Selbstbewusstseins der so genannten einfachen Schichten bei. *(siehe auch Fußnote S. 54)*

Haben Sie seine aktuelle Ausstellung in Köln gesehen?

Nein, brauche ich aber auch nicht. Ich kenne alle seine Bilder auswendig. Will sagen: Wenn Sie eines kennen, kennen Sie sie alle. Es ist immer dasselbe: Sie sind offen heraus und ehrlich.

Wie hat er Sie und Ihre Arbeit inspiriert?

Ich mag die Einfachheit seiner Bilder – und gleichzeitig ihre Intensität.

Ist seine Art, Bilder zu machen, auch die Ihre?

Nein. Aber wenn ich seine Bilder ansehe, gibt mir dies die Energie, „meine" Bilder zu machen, das heißt, in einer Art und Weise zu fotografieren, die meine Sichtweise ausdrückt.

Bevorzugen Sie Still-Leben oder Menschen als Motive?

Menschen natürlich. Aber trägt nicht alles den Stempel der Menschen? Nehmen Sie einen Baum oder eine Autobahn – sie alle beziehen sich auf Menschen.

Schreiben Sie Ihren Models beim Fotografieren vor, wie sie posieren oder welche Seite ihres Charakters sie zeigen sollen?

Nein. Ich kann ein Bild nur so machen, wie ich es sehe. Menschen kennen sich oft selbst nicht – wie soll also ich ihnen vorschreiben, sich in einer bestimmten Art und Weise zu verhalten? Ich fotografiere sie so, wie ich es möchte und wie ich sehe, was mir wichtig erscheint.

Geben Ihnen die Auftraggeber vor, worauf Sie sich konzentrieren oder welche Motive Sie aufnehmen sollen?

Sie können mir natürlich sagen, was sie wollen. Aber der einzige Weg, wie ich meine Bilder machen kann, >>

>> **Herr Toscani, wie kamen Sie zur Fotografie: War es Beruf oder Berufung?**

Oliviero Toscani: Eigentlich habe ich diesen Beruf nie richtig gewählt. Wissen Sie, mein Vater war ein Zeitungsfotograf, er hat für den *Corriere Della Sera* gearbeitet. Immer wenn ich Ferien hatte, nahm er mich zu seinen Terminen mit, auf denen er Aktuelles fotografieren musste – von Tragödien bis hin zum Fußball. Ich konnte ihm bei seiner Arbeit zuschauen.

Im Übrigen war jeder in meiner Familie Fotograf, ich habe einfach zu Hause geholfen. Ich begann bereits zu fotografieren, als ich noch klein war. Nach der Schule ging ich dann auf die Kunstgewerbeschule in Zürich, um Fotografie zu studieren.

Ich glaube übrigens, dass es ein großes Privileg ist, seinen Beruf nicht wählen zu müssen. Man geht dann nicht so intellektuell an die ganze Angelegenheit heran – es ist für einen einfach ein ganz normaler Job.

Wie kommt es dann, dass Sie so oft auf eine intellektuelle Ebene gehoben werden?

Es ist meist ein Kennzeichen von Durchschnittlichkeit und Mittelmaß, wenn sich Leute einen intellektuellen Anstrich geben. Ich jedenfalls bin kein Intellektueller. Ich breche die Dinge stets auf einfache Konzepte herunter: Man muss sich eigentlich nur bemühen, seine Arbeit zu machen.

Verraten Sie uns Ihr Erfolgsrezept?

Für Erfolg gibt es keine Regeln. Mein eigener Zugang ist nicht sonderlich spektakulär: Eigentlich muss man nur seinen eigenen Stil finden, man selbst sein – dann ist man auch gut.

Ich schere mich nicht darum, was andere Leute sagen – ich bemühe mich nur, meine Arbeit so zu machen, dass ich selbst sie gut finde, meinen eigenen Weg dabei gehe. Ich habe beispielsweise nie fotografiert, um reich oder berühmt zu werden – ich wollte nur meine Arbeit gut machen. So wie mein Vater: Der hat fotografiert, um uns durchzubringen, das war oft schwierig genug. Er hat einfach seinen Job gemacht, und das tue ich auch.

Ich folge keinen Moden, Trends oder Stilrichtungen. Ich kann immer nur ein schlechtes „Ich selbst" als eine gute Kopie von irgendjemand anderem sein. Ich könnte deshalb auch nicht an etwas arbeiten, hinter dem ich nicht stehe.

Das Problem ist also nicht das „Was", sondern das „Wie". Obwohl ich davon überzeugt bin, dass ich alles, was ich bisher gemacht habe, hätte besser tun können, dass ich hätte mehr tun können – und dass es viele Dinge gibt, die ich hätte tun können, die ich aber nicht umgesetzt habe. Eigentlich habe ich viel Zeit verschwendet. Aber ich habe auch das Gefühl, dass es da noch eine Berufung gibt, die auf mich wartet.

>>

>> Kreativität muss stören <<

Ein Plädoyer gegen Mittelmaß

Oliviero Toscani. Gründer, Firmenchef und Kreativ-Direktor | **Art Director, TALK Magazine, New York**

International anerkannt als treibende kreative Kraft bei einigen der erfolgreichsten Werbekampagnen der Welt, so u.a. für Esprit, Valentino, Chanel, Fiorucci und Prenatal nach eigener Aussage „Fotograf durch Training". Seine Arbeiten erschienen in *Elle, GQ, Vogue* und *Harper's Bazaar* sowie in zahlreichen anderen internationalen Topmagazinen der Welt. | **Von 1982 bis 2000** baute er Benetton zu einer der bekanntesten Marken der Welt auf, gab dem Unternehmen dabei sein aktuelles Erscheinungsbild – Corporate Image, Corporate Identity und Kommunikationsstrategie – und entwickelte auch seine Online-Darstellung. | Gründer von *Colors*, des weltweit ersten themenübergreifenden Magazins, und der Fabrica, einer internationalen Schule für Kunst und Kommunikation, die originäre Kampagnen u.a. für die Vereinten Nationen, Procter & Gamble sowie die Zeitung *La Repubblica* entwickelte. | Toscanis Arbeiten wurden auf den Biennalen von Venedig und Sao Paulo sowie auf vielen anderen bedeutenden Ausstellungen auf der ganzen Welt präsentiert und gewannen zahlreiche Auszeichnungen, so u.a. vier Goldene Löwen von Cannes, den Grand Prix der UNESCO, den Grand Prix des Art Directors' Club von New York, Tokyo und Milano, sowie den Grand Prix D'Affichage.

with a „quirky" looking typefont. I'm sure you get the idea. Just one or two quirks keeps it an interesting modification. Take Windsor for example, designed by Stevenson Blake in 1923. It's a typeface I look at very often for motivation. It's loaded with inspiration. It was Janice Joplin's favorite type style and Woody Allen still uses it for his motion picture titles and credits. Why?

Although it's about 70 years old, there's something nice about it. I think it's the slight quirks which have now become classic. Take a look at it. Notice the letter „S" and the capital „E". Also look at the old beautiful 1936 Mercedes 540K, now that's a classic beauty. It had designed quirks too, that have now become classic shapes.

I've designed over 600 fonts. The quantity doesn't hold up the quality. Much of it was too trendy and very quickly drawn (knocked out). I would say about 10% of them are my favorite, and have been in the mainstream of the graphic community (see Benguiat Gothic, Souvenir and Benguiat).

ITC Benguiat, for instance – which by-the-way was named by Herb Lubalin at ITC (they chose the names of the all the new fonts). New generation designers have taken to it, they like it! I don't know why. Maybe it's because it's quirks appeal to them the way Windsor appeals to me.

By looking at new fashion, and entertainment. I think I can feel what's coming down the road. For example, when skirt lengths changed something had happen to ascenders and descenders. There's a resemblance to the typeface in what people are wearing, from shapes of cars, architecture, and everything around us. The look of much of today's sans serif type styles are straight-like modern buildings which resemble Helvetica. I personally like this typeface very much – who doesn't?

The music I hear – the world I live in – what I see, feel and taste is how my typefaces are generated. But lately, as in architecture, we've added some softness for legibility in our typefonts. Meta (Eric Spiekermann) is a good example of this. Only time will tell if these subtle quirks will hold up. And maybe one day we will call it classic.

ITC Benguiat designed in 1978, is one of those faces that is very current. It's probably because it's aesthetically eclectic. It makes this typeface design feel friendly and comfortable. My own favorite faces are those designed by Morris Fuller Benton (born 1872) The man was incedibly talented. During his time he was considered one of the most avant guard type designers of the 20th century.

With all the weights, it takes me about three or four months to complete a font. I have no idea what's next in my new typefaces. The work in my studio is continual, with logos and corporate design projects. Presently, there doesn't seem to be time for too much more. But who knows what tomorrow will bring.

My biggest complaint is that of all the world's artists the public know least of typeface designers. Their names never appear next to their works on advertisements or motion picture credits, or for that matter on anything. So, if I don't achieve the legacy that many of us strive for, at the very least, I'll leave a memento on my thombstone. By the way, I'm having it done as you read this. What the epitaph reads is not important, only how it looks , and I plan for it to be done in a fancy script (Edwardian Script). It's a font I designed for ITC. It will probably have a quirk or two. But the quirks will insure my thombstone script, like my other designed typefaces shall last forever.

>> Of Quirks and Changes <<

How I design a typeface

>> It's easy to design a new font especially with the advent of computer software. With little talent, anyone can write a novel or a new piece of music. The big problem is – does anyone want it, need it or even like it. Of course your mother, father, sister, brother, wife, husband, and all relationships will think you're a genius and who knows, maybe you are.

People continually asking me „How do you design a new typefont?" or „Why do we need new typefaces, aren't there enough typefaces already?" I don't really understand these questions, especially from other creative people. Anyway, my answer, being slightly sarcastic is: why do we need more books, poetry, paintings, new fashion, etc. So, I design typefaces ... OK!

By the way: Most everyone has trouble pronouncing my name, so it's (BEN-GAT) in the states. Everywhere else it's phonetically OK.

The following „o-tones" express how I see my work: Herb Lubalin and Aaron Burns for instance both agreed that „Ed's a type junky, he can design a logo or a typeface from punk to fusion with equal ease". And that „Benguiat probably spearheaded and influenced much of the schmaltz on the computer today, as well as some of the good stuff, too."

Let's look at the present scene. Most of my type designs were started in 1950 BC (Before Computers). The new generation of computer jocks today weren't even born yet. For that matter neither was the computer.

Most everything was Photo-composit on. It would take 25 years before the Mac hit the fan. The enormous number of type styles that I designed were visible to all in the Photo-Lettering company catraloges. Now they're out of business, and the typestyle showings were analog, thus no copyright infringement problems.

Much of it, even from other designers, were just hacked with slight quirky changes. If you can accept the fact that most everything of the past, including typefaces, has had an influence on us then you can understand the fact that these computer jocks of typefaces are the „Begat" generation of the work I did at Photo-Lettering for 30 years BC.

Just as the Mercedes Corp. does with it's newly designed automobiles. I also build a slight amount of obsolescence into my new typeface designs. A little quirk in the „R" for instance, or a gimmick in the stroke or curve of another letter. If the quirk swings one way, I'll swing it in the other way in my next design. Not too many quirks – or you may wind up >>

sans-serif-Schriftschnitte gerade – wie moderne Gebäude, die der Helvetica ähneln. Ich persönlich mag diese Schrift sehr – wer eigentlich nicht?

Die Musik, die ich höre – die Welt, in der ich lebe –, was ich sehe, fühle und schmecke, ist der „Brutkasten", in dem meine Schriftschnitte entstehen. Neuerdings jedoch, ebenso wie in der Architektur, haben wir etwas Weichheit zu den Schriftschnitten hinzugefügt, damit sie besser lesbar sind. Meta (Erik Spiekermann) ist ein gutes Beispiel hierfür. Nur die Zeit wird sagen können, ob diese zarten Schwünge Bestand haben. Und vielleicht nennen wir sie eines Tages Klassiker.

ITC Benguiat, entworfen 1978, ist einer der Schriftschnitte, die immer noch sehr populär sind. Vielleicht liegt es daran, dass er ästhetisch überhöht ist. Es gibt dem Design dieser Schrift ein freundliches und gemütliches Aussehen. Meine eigenen Favoriten sind Schriftschnitte von Morris Fuller Benton (geboren 1872). Dieser Mann war unglaublich talentiert. Zu seiner Zeit wurde er als einer der avantgardistischsten Schriftdesigner des 20. Jahrhunderts angesehen.

Mit allen Gewichtungen brauche ich zwischen drei und vier Monaten, um eine Schrift zu vollenden. Ich weiß überhaupt noch nicht, wie meine künftigen Schriftschnitte aussehen werden. Die Arbeit in meinem Studio ist kontinuierlich, ich beschäftige mich mit Logo- und Corporate Design-Projekten. Augenblicklich scheint kein Raum für wesentlich mehr zu sein. Aber wer weiß, was morgen kommt?

Meine größte Klage ist die, dass von allen Künstlern dieser Welt die Öffentlichkeit von den Schriftdesignern am wenigsten weiß. Ihre Namen erschienen nie in der Nähe ihrer Arbeit – nie in der Nähe ihrer Schriften, die für Anzeigen oder für Film-Abspänne oder für alles Mögliche sonst verwendet werden. Und deshalb – wenn mir schon nicht die Ehre zuteil wird, nach der wir alle streben – werde ich wenigstens ein Epitaph auf meinem Grabstein hinterlassen. Ich lasse es übrigens gerade anfertigen. Was in dem Epitaph steht, ist unwichtig, wichtig ist nur, wie es aussieht. Ich habe mich dafür entschieden, es in einer Schreibschrift anfertigen zu lassen (Edwardian Script). Diesen Schriftschnitt habe ich vor langer Zeit einmal für ITC entworfen. Er wird vielleicht noch einen oder zwei zusätzliche Schwünge erhalten. Aber diese Schwünge werden dafür sorgen, dass die Schrift auf meinem Grabstein – ebenso wie all die anderen Schriften, die ich entworfen habe – auf ewig erhalten bleiben.

>> Bögen – sonst landet man nachher bei einem ziemlich „schwungvoll" wirkenden Schriftschnitt. Ich denke, Sie haben die Idee verstanden.

Ein oder zwei zusätzliche Schwünge jedoch lassen den Entwurf zu einer interessanten Modifikation werden. Nehmen Sie beispielsweise die Schrift „Windsor", die im Jahre 1923 von Stevenson Blake entworfen wurde und die ich mir sehr oft zur Motivation anschaue. Sie vermittelt unglaublich viel Inspiration und war übrigens Janice Joplins Lieblingsschriftschnitt. Auch Woody Allen nutzt sie noch für den Titelsatz seiner Filme, die Danksagung und den Abspann.

Obwohl die Schrift nunmehr nahezu 70 Jahre alt ist, liegt etwas Nettes darin. Ich vermute, dass es die angedeuteten Schwünge sind, die mittlerweile klassisch geworden sind. Schauen sie sich einmal genauer an, beispielsweise den Buchstaben „S" oder das große „E". Genauso wie der alte wunderbare Mercedes 540 K von 1936 – ist der nicht eine klassische Schönheit? Dieses Modell hatte auch designte Schwünge, Elemente, die mittlerweile klassische Formen geworden sind.

Ich habe über 600 Schriftschnitte entworfen. Natürlich entspricht die Quantität nicht der Qualität – vieles war zu trendy und geriet ziemlich schnell wieder aus der Mode. Ich würde aber sagen, dass ungefähr zehn Prozent dieser Schriftschnitte zu meinen Favoriten zählen und auch dem gängigen Trend der grafischen Gemeinschaft entsprechen (so beispielsweise die Schriften Benguiat Gothic, Souvenir und Benguiat).

Nehmen Sie die ITC Benguiat (der Name kam übrigens von Herb Lubalin von ITC – ITC hat alle Namen ausgesucht und festgelegt): Nachfolge-Generationen von Designern haben ein Fable dafür entwickelt, sie mögen die Schrift! Ich weiß zwar nicht genau, warum, aber vielleicht liegt es an den Schwüngen, die sie ebenso inspirieren, wie der Windsor-Schriftschnitt mich anspricht.

Wenn ich mir neue Trends in Mode und Unterhaltung anschaue, habe ich ein Gefühl, dass ich spüre, was in der Luft liegt. Als beispielsweise die Rocklängen sich veränderten, musste auch etwas in Hinblick auf Anstriche und Abstriche passieren. – Es gibt eine Ähnlichkeit zwischen Schriften und dem, was die Leute tragen, im Aussehen von Autos, in der Architektur, in allem, was um uns herum passiert. So ist beispielsweise das Aussehen zahlreicher heutiger >>

Auch unter neuem Namen
der Klassiker aus Berlin

Kaiserin-Augusta-Allee 39
10589 Berlin
Fax (030) 3 44 00 00
Telefon (030) 34 90 13 10/11
www.bsk-berlin.de

>> Die nachfolgenden O-Töne drücken aus, wie ich meine Arbeit sehe. Herb Lubalin und Aaron Burns beispielsweise waren sich einig: „Ed ist ein Typo-Abhängiger, er kann mit gleicher Leichtigkeit ein Logo oder eine Schrift erstellen, wobei die Reichweite von Punk bis Fusion geht." Und: „Benguiat war wahrscheinlich die Speerspitze und hatte viel Einfluss auf typografischen Kitsch auf dem Computer, genauso hat er aber auch eine Menge wirklich guter Sachen angeschoben."

Lassen Sie uns die aktuelle Situation betrachten: Die meisten meiner Schriftschnitte begann ich im Jahre 1950 BC (before es Computer gab). Die neue Generation der heutigen Computer-Athleten war noch nicht einmal geboren. Der Computer übrigens auch nicht.

Fast alles war Fotosatz. Es sollte noch 25 Jahre dauern, bis der Mac das Licht der Welt erblickte. Die enorme Zahl der von mir entworfenen Schriften und Schriftstile war für alle sichtbar – in den Schriftenkatalogen der Schriftsatzfirmen. Mittlerweile haben sie ihre Bedeutung verloren. Darüber hinaus waren die Darstellungen der Schriftschnitte analog, es gab also keine Probleme mit einer eventuellen Verletzung von Copyrights.

Das meiste davon war gewissermaßen angelehnt (teilweise sogar an Arbeiten anderer Schriftdesigner), wenn auch mit kleinen Änderungen in Form von modifizierenden, zusätzlichen Schwüngen und Bögen. Wenn man die Tatsache akzeptiert, dass nahezu alles aus der Vergangenheit – Schriften eingeschlossen – einen Einfluss auf uns ausübt, kann man wohl zu Recht die Behauptung nachvollziehen, dass die heutigen computer-designten Schriftschnitte gewissermaßen die „Nachfolge"-Generation der Arbeit ist, die ich im Bereich Fotosatz-Schriften ca. 30 Jahre BC (before computers, s.o.) geleistet habe.

Zurück zu den Schwüngen. Mercedes beispielsweise verwendet dieses Element bei seinen neu designten Fahrzeugtypen. Genau wie ich – auch ich baue ein Quäntchen Überfluss in meine neuen Schriftschnitte ein. Ein kleiner Schwung beim „R", beispielsweise, oder ein kleiner Gimmick im Abstrich oder im Anstrich eines anderen Buchstabens. Wenn ein Schwung in eine Richtung weist, lasse ich ihn bei dem nächsten Designentwurf in die andere Richtung schwingen. Natürlich nicht zu viele Schwünge und >>

>> Es ist einfach, einen neuen Schriftschnitt zu entwerfen – insbesondere seit dem Einzug von Computern bzw. der entsprechenden Software. Mit ein wenig Talent kann jeder einen Roman oder ein Musikstück schreiben. Das große Problem ist: Will das überhaupt jemand, braucht es überhaupt jemand oder gefällt es überhaupt jemandem? Natürlich: Ihre Mutter, Ihr Vater, Ihre Schwester, Ihr Bruder, Ihre Ehefrau oder Ihr Ehemann und alle Verwandten denken, dass Sie ein Genie sind – und wer weiß: Vielleicht sind Sie es sogar.

Mich jedenfalls fragen die Leute dauernd: „Wie machen Sie eine neue Schrift?" oder „Warum brauchen wir eine neue Schrift, gibt es denn nicht schon genug davon?" Ehrlich gestanden: Diese Fragen verstehe ich nicht, besonders, wenn sie von anderen Kreativen kommen. Meine – zugegebenermaßen leicht sarkastische – Antwort ist dann stets: Warum brauchen wir überhaupt neue Bücher, Gedichte, Bilder, Mode ...? Ich jedenfalls entwerfe Schriften.

Übrigens: Nahezu jeder hat Probleme, meinen Namen auszusprechen. Deshalb dies vorweg: In den Vereinigten Staaten heiße ich „Ben-gat" – überall sonst so, dass es phonetisch stimmt.   >>

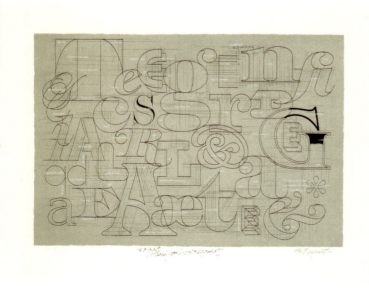

ITC Bauhaus Light
ITC Bauhaus Medium
ITC Bauhaus Bold
ITC Bauhaus Heavy

ITC Benguiat Book
ITC Benguiat Book Italic
ITC Benguiat Bold
ITC Benguiat Bold Italic

ITC Benguiat Gothic Book
ITC Benguiat Gothic Book Italic
ITC Benguiat Gothic Bold
ITC Benguiat Gothic Bold Italic

ITC Bookman Light
ITC Bookman Light Italic
ITC Bookman Demi
ITC Bookman Demi Italic

ITC Caslon Nº 224 Book
ITC Caslon Nº 224 Book Italic
ITC Caslon Nº 224 Bold
ITC Caslon Nº 224 Bold Italic

ITC Korinna Regular
ITC Korinna Regular Italic
ITC Korinna Extra Bold
ITC Korinna Extra Bold Italic

ITC Souvenir Light
ITC Souvenir Light Italic
ITC Souvenir Demi
ITC Souvenir Demi Italic

ITC Tiffany Light
ITC Tiffany Light Italic
ITC Tiffany Medium
ITC Tiffany Medium Italic
ITC Tiffany Heavy
ITC Tiffany Heavy Italic

Edward E. Benguiat. Schriftdesigner

geboren in Brooklyn, New York | von Kind an durch den Beruf seines Vaters vertraut mit Design und Bühnenbildbeschriftung | Student an der Workshop School of Advertising Art (Layout, Design, Typographie und Schriftkunde) | danach Designer und Art Director bei einer Reihe von großen und kleineren Verlagen, Studios und Anzeigenagenturen | Art Director bei Photolettering Inc., dort Entwurf von 400 Schriftschnitten | bedeutende Rolle bei der Gründung von International Typeface Corp. (ITC, Gründung 1971 durch die Designer Herb Lubalin, Aaron Burns und Ed Ronthaler) | Partner von Lubalin auf dem Weg zu U&LC, dort Entwurf neuer Schriften wie ITC Tiffany, Benguiat, Benguiat Gothic, Korinna, Panache, Modern No. 216, Bookman, Caslon Nr. 225, Barcelona, Avant Garde Condensed etc. | unter Lubalin Vizepräsident von ITC bis zu dessen Verkauf an Esselite Inc. | Entwurf und Redesign von zahlreichen Logotypes, beispielsweise für Esquire, The New York Times, True, McCall's, Coronet, Reader's Digest, Photography, Photoplay, MTR, Look, Sports Illustrated, The Star Ledger, The San Diego Tribune, The Tucson Daily Star, Garamont AT&T, A&E, Estée Lauder, U&LC | Mitglied der Alliance Graphic International und ehemaliger Präsident des Type Directors Club. Medaille des New York Type Directors Club im Jahre 1990 | Preisträger des angesehenen Fredric W. Goudy Award. Lebhafte Lehrtätigkeit und Ausstellungsreisen in Paris, Berlin, Brasilien, Slowenien, London, Chicago, Washington und NY City | Lehrer an der School of Visual Arts | **1995** Teacher of the Year | **2000** Aufnahme in die Art Directors Hall of Fame

»Von Schwüngen und Veränderungen«

Wie ich eine Schrift entwerfe

Kultur ist Vielfalt.
Eine Idee geht um die Welt.

Wenn Sie mehr wissen möchten über BMW Art Cars, dann schreiben Sie uns:
BMW AG
Abt. Information
Postfach 50 02 44
80972 München.

Jenny Holzer, Art Car, 1999, BMW V12 LMR

BMW Art Cars – gesehen beim 24-Stunden-Rennen von Le Mans und in den großen Museen dieser Welt: Centre Pompidou, Paris; Palazzo Grassi, Venedig; Powerhouse Museum, Sydney; Museum Ludwig, Köln; Museu de Arte de Sao Paulo, Brasilien; Royal Academy of Arts, London; Guggenheim Museum, New York …

BMW Group

>> Is Creativity a nuisance? <<

Encourage your clients to be different

>> „Conditions, obstacles and options for creativity in German printed matters under the focus of a foreign agency working abroad while working for a German enterprise."

Oh, and the article should be „about 8,500 characters."

Which neatly sums up, perhaps, some of the conditions, obstacles and options for creativity in German printed matters.

I mean, I have no idea what 8,500 characters look like, let alone if I've got that much to say.

Not that we've had such a problem presented to us by HypoVereinsbank or Nike. Here we have clients who didn't have set expectations of what the work should look like or sound like. They didn't give us boxes and expect us to fill them.

I have this feeling, though, we've been very lucky. Looking around at some of the work I see, I get the sense that many German clients know exactly what they want and find an agency who's happy to act as supplier.

„Give us a grid, we'll tell you what to put in it. Oh, and this is how much we pay."

Or maybe I'm wrong. Maybe it's the agencies who lead this.

„Look, we can do it cheaper than those guys. We give you a grid, you tell us what to put in it."

Either way, that's not a position we want to fill.

We're lucky. We're in Amsterdam. We do work for people all around the world. We can say, „We don't believe in conditions or obstacles. Here are some options. If everyone else stays where they are, you'll stand out."

And maybe that's the problem. Maybe there's just not enough people who want to stand out.

In HypoVereinsbank, we have a client who does. „I don't want to see work that makes us look like a big German bank. We don't want to be a big bank, we want to be a big brand." That was our brief when we pitched the business.

The funniest thing is, since the campaign launched, we've had photographers' reps in Germany complaining to us that they keep getting asked: „Give us something that looks like HypoVereinsbank."

What's with that? As soon as you see something different, why would you want to do something just like it? Would you not want to do something different yourself?

(That said, we did have a new business client come to us to say, „Look, we're fed up being given HypoVereinsbank-style stuff by the agencies who are pitching for our business. We've finally come to you because we figured that you'd do something different." Which, of course, we did.)

So I think we have an advantage being outside. We always have a mix of German and non-German people working on projects. We're not afraid to try something new. And we never say, „Look, you don't have to be so German."

Because German people and German companies and German brands can be anything they choose to be. They might just need a little outside encouragement.

(That's about 2,500 characters. Sorry, folks, I'm done.) <<

>> Das Thema meines Beitrags lautete: „Bedingungen, Hindernisse und Optionen für Kreativität in deutschen Drucksachen unter dem Aspekt einer ausländischen Agentur, die im Ausland für deutsche Unternehmen arbeitet". Ach ja, und der Umfang solle bei ungefähr 8.500 Zeichen liegen.

Eigentlich fasst dies schon recht gut einige der Bedingungen, Hindernisse und Optionen für Kreativität in deutschen Drucksachen zusammen. Darüber hinaus: Ich habe keine Ahnung, wieviel 8.500 Zeichen eigentlich sind – mal ganz abgesehen davon, ob ich überhaupt so viel zu sagen habe.

Von der HypoVereinsbank oder von Nike sind wir nicht mit einem derartigen Problem konfrontiert worden. Hier hatten wir es mit Kunden zu tun, die keine vorgefassten Erwartungen von dem hatten, wie unsere Arbeit auszusehen oder zu klingen hatte. Sie gaben uns keine vorgegebenen Rahmen und erwarteten von uns auch nicht, solche auszufüllen.

Ich habe allerdings den Eindruck, dass wir diesbezüglich sehr viel Glück hatten. Bei näherer Betrachtung anderer Arbeiten gewinne ich den Eindruck, dass viele deutsche Kunden ganz genau wissen, was sie möchten. Und sich eine Agentur suchen, die froh ist, als Lieferant zu agieren. Frei nach dem Motto: „Geben Sie uns ein Gestaltungsraster, und wir werden Ihnen sagen, womit es zu füllen ist. Ach ja, und so und soviel zahlen wir übrigens dafür."

Aber vielleicht liege ich da auch falsch. Vielleicht sind es ja doch die Agenturen, die hier den Ton angeben: „Sehen Sie mal, wir können diese Aufgabe doch viel günstiger als diese Kerle dort erledigen. Wir geben Ihnen ein Gestaltungsraster, und Sie sagen uns, womit wir es inhaltlich füllen sollen."

Egal, welchen der beiden aufgezeigten Wege Sie nehmen – keine von den aufgezeigten Positionen wäre eine, die wir ausfüllen wollten.

Wir haben Glück. Wir sind in Amsterdam. Wir arbeiten für Kunden in der ganzen Welt. Wir können es uns leisten zu sagen: „Wir glauben nicht an Bedingungen oder Hindernisse. Hier bieten wir Ihnen einige Optionen. Wenn jeder dort verharrt, wo er sich momentan befindet, werden Sie sich damit hervorheben."

Vielleicht aber ist das ja auch genau das Problem. Vielleicht gibt es einfach nicht genug Leute, die sich hervorheben möchten.

In der HypoVereinsbank haben wir einen Kunden gefunden, der dies möchte. „Ich will keine Arbeiten erleben, die uns wie eine große deutsche Bank aussehen lässt. Wir wollen keine große Bank sein, sondern eine große Marke." So lautete das Briefing, mit dem wir im Pitch um den Etat dieses Unternehmens antraten.

Seltsam ist nur: Seit die Kampagne läuft, melden sich immer wieder Foto-Agenturen bei uns und beschweren sich, es würde dauernd verlangt: „Liefern Sie uns etwas, das wie bei der HypoVereinsbank aussieht".

Was ist das jetzt wieder? Warum sollten Sie – sobald Sie etwas sehen, das anders ist – jetzt auf einmal etwas wollen, das genauso ist? Würden Sie denn nicht viel lieber mit etwas auftreten, das anders ist?

(Gerade als ich dies schrieb, kam übrigens ein neuer Firmenkunde zu uns und sagte: „Schaut mal. Wir haben wirklich die Nase voll davon, dass uns die Agenturen, die um unseren Etat pitchen, dauernd dieses HypoVereinsbank-Zeugs präsentieren. Wir kommen jetzt direkt zu Euch, da wir annehmen, dass Ihr in der Lage seid, Euch etwas auszudenken, das anders aussieht." Was wir natürlich auch getan haben.)

Ich denke also, dass wir einen Vorteil dadurch haben, dass wir außerhalb stehen. Bei uns arbeitet immer eine Mischung von Deutschen und Nicht-Deutschen auf den Projekten. Wir haben auch keine Angst davor, etwas Neues auszuprobieren. Und wir sagen nie: „Also, so deutsch müssen Sie ja nun auch wieder nicht sein".

Weil Deutsche – ebenso wie deutsche Firmen und deutsche Marken – all' das sein können, was sie gern sein wollen. Vielleicht benötigen sie ja auch nur ein wenig Ermutigung von außerhalb.

(Das sind ungefähr 2.500 Zeichen. Tut mir leid, Leute, ich bin am Ende). <<

Jon Matthews. Creative Director / Text | **Wieden + Kennedy, Amsterdam**

16 Jahre Erfahrung in der Werbung – in London, New York und Amsterdam auf britischen, deutschen, europäischen und internationalen Unternehmen wie beispielsweise Nike, Coca-Cola, HypoVereinsbank, Audi, Siemens und Lego. Auszeichnungen u.a.: Cannes International, D&AD UK, One Show NY, Art Directors Club Deutschland und ein spitzes schimmerndes Glas-Ding irgendwo aus dem Fernen Osten.

>> Ist Kreativität unerwünscht? <<

Zum Anderssein Mut machen

>> Berlin – Capital of German Communication? <<

>> Does Berlin surprise and convince as a German metropole of communication – or even as the capital of German communication?

Let's follow the question: Is Berlin surprising? Does it attract enough interest? Is it able to surprise in a fictive contest while concurring with other cities of publicity and communication? Does it differentiate itself from others remarkably?

The answer is: yes. No other German city is in a comparable focus of media, and no other city delivers permanent headlines as Berlin does.

This applies particularly to the branch of publicity, media and multimedia, which supports the popularity of Berlin as location. Meanwhile, 11 out of the 20 biggest companies specialized on publicity are located in Berlin. Here we find 8000 enterprises with more than 100.000 employees of the communication branch's total.

The broad offer of architecture, art, culture, gastronomy and leasure-time activities is surprising, too. It could neither be more diversified nor more exciting.

Berlin surprises in particular because of the melting pot of the people living here. They make this city the most lively in Germany. Among them, it is the young, courageous and mobile generation in particular, which makes capital of the situation of fundamental and radical change in order to achieve their ambitious aims. In brief: Berlin surprises everybody. Every day. Everywhere. And in every way.

But is Berlin convincing as well? Is Berlin already authentic and trustworthy? And is it already able to convincingly take its part as a „capital of communication"?

The answer is: it depends – or better: no. Although Berlin is a top player in all branches such as communication, film, TV, and publishing, it is not yet the most important and most prosperous location for media and communication in Germany. In brief: it still lacks convincing evidences to proof its status as a reliable location of communication or even as a capital of communication.

That is why it is time to look ahead now. And to convince companies, agencies, clients und potential employees of the fact that Berlin is the due long-term location and partner.

The setting created here was and is excellent. With its roundabout 450 multimedia agencies and about 8000 employees, Berlin is the only German city with a comparable dynamic background of internet agencies and a comparable lively scene of founders. The infrastructure is hypermodern. The facilities of education are excellent as well: Three universities, technical and art colleges work hard in order to turn talents to masters. About 13.000 people undergo an education related to media. That is why we can speak of Berlin as a „capital of talent".

And the sum of it? Berlin surprises. Without doubt – and comprehensable for everybody. Though the city is still not absolutely convincing yet. It still lacks obvious success which matches the great confidence offered to this region.

That is why it is time: time to use resident resources efficiently and to apply them effectively. Otherwise, somebody else might do it – at a different place. <<

>> Kurz: Zum heutigen Zeitpunkt hat Berlin noch nicht genug beeindruckende Beweise, um sich als überzeugender Kommunikationsstandort oder gar als Werbehauptstadt darzustellen. Und das will auch keiner. Und verlangt auch keiner. Noch nicht.

Deshalb gilt es, jetzt nach vorne zu schauen. Und den Glauben daran sowie das Potenzial darin zu nutzen.

Gerade jetzt, wo Berlin sich nicht nur in Deutschland etablieren, sondern bald auch an ganz Europa messen möchte, steht die Hauptstadt in der Pflicht, Unternehmen, Agenturen, Kunden und potenzielle Mitarbeiter davon zu überzeugen, dass Berlin auch langfristig für sie der richtige Standort und Partner ist.

Da helfen nicht mehr schillernde Reportagen, Berichte und Titelstories über die wahnsinnige Aufbruchstimmung und historische Chance der Stadt.

Es helfen nur überzeugende Ergebnisse, unternehmerische und natürlich auch werbliche Erfolge, die nach außen hin dokumentiert werden müssen.

Unternehmen gründen, Agenturen eröffnen, Mitarbeiter anziehen und Talente finden ist der erste Schritt. Betriebswirtschaftlichen Erfolg erwirtschaften, Agenturen etablieren und profilieren, Mitarbeiter binden sowie Talente fördern der zweite.

Die Rahmenbedingungen, die hier geschaffen wurden und werden, sind hervorragend. Es gibt eine hochmoderne Infrastruktur und hervorragende Ausbildungsmöglichkeiten, die aus Talenten Meister machen.

Drei Universitäten, Fach- und Kunsthochschulen, mit der Hochschule der Künste und ihrem Studiengang Gesellschafts- und Wirtschaftskommunikation als besondere Kaderschmiede, demonstrieren das enorme Qualifizierungspotenzial der Stadt. Zur Zeit durchlaufen ca. 13.000 Menschen eine medienbezogene Ausbildung, ergänzt mit 250 außeruniversitären Forschungseinrichtungen.

Weiterer Wachstumsmotor und Magnet für Talente und Jungunternehmer ist die Multimediabranche. Nirgendwo in Deutschland gibt mit rund 450 Multimedia-Agenturen und ca. 8000 Mitarbeitern eine dynamischere Internetagentur- und Gründer-Szene als in der Hauptstadt.

Nicht zuletzt deshalb kann man Berlin, wie es schon der medienwirtschaftliche Arbeitskreis der IHK formuliert, auch als Capital of Talent bezeichnen. Eine Initiative, die Anspruch und zukünftige Verpflichtung gleichermaßen zum Ausdruck bringt.

Was bleibt zum Schluss? Berlin überrascht. Unumstritten und für jeden nachvollziehbar überzeugen kann die Stadt noch nicht gänzlich. Hier fehlt es noch an sichtbaren Erfolgen, die dem großen Vertrauen, das dieser Region entgegengebracht wird, gerecht werden.

Im Aktienjargon würde man sagen: Berlin ist überbewertet. Das ist vorerst nicht weiter schlimm, denn die Substanz, das Potenzial und die Rahmenbedingungen sind hervorragend. Man muss nur den jetzigen Zeitpunkt nutzen, und die vorhandenen Ressourcen effizient und effektiv einsetzen. Ehe es andere – möglicherweise an anderer Stelle – tun. <<

www.discboard.com

Kompetenzzentrum für industrielle und handwerkliche Hardcover- und Softcover-Produktion sowie jede Art buchbinderischer Sonderanfertigungen, wie **Integration von CDs in Print-Produkte.**

Buchbinderei Burkhardt AG
CH-8617 Mönchaltorf
Tel   +41 1 949 44 44
Fax   +41 1 949 44 55
E-Mail buchbinderei@bubu.ch
www.bubu.ch

\>\> Überraschend ist auch das vielschichtige Angebot von Kunst und Kultur, Gastronomie sowie Freizeitmöglichkeiten. Neben vielen öffentlichen Einrichtungen organisiert auch ein Netzwerk von Kulturdienstleistern, Künstlern und Privatleuten jegliche Form kultureller Darbietungen, gerne auch crossover genannt. Angefangen bei Kunstrundgängen, Museumsnächten und Karneval der Kulturen bis hin zu jährlich stattfindenden musikalischen Umzügen. Waren es 1989 noch 150 Teilnehmer, so geben sich diesem bunten Treiben inzwischen eine Million Menschen derart hemmungslos hin, dass diese Loveparade weltweit seinesgleichen sucht.

Apropos Menschen: Berlin überrascht insbesondere durch die Mischung der hier ansässigen Menschen, die diese Stadt zur lebendigsten Deutschlands machen. Unter ihnen ist es gerade die junge, mutige und mobile Generation, die die Auf- und Umbruchsituation nutzt, um ihre ehrgeizigen Ziele zu erreichen. Mit Mut, Geschick und Leidenschaft Ideen einfach umsetzt, anstatt nur darüber zu reden.

Wo in Hamburg, Düsseldorf oder München möglicherweise ein Yes, but erklingt, raunzt der (Neu-)Berliner ungeduldig Why not? Solche Macherqualitäten sind rar in Deutschland und Ausdruck der kreativen, unternehmerischen Grundhaltung der hier lebenden Menschen.

Kurzum: Berlin überrascht jeden. Jeden Tag. Und an jedem Ort. Und in jedweder Facette.

Ist Berlin auch überzeugend? Kann Berlin schon heute glaubwürdig, vertrauenswürdig und nachhaltig darstellbar eine Rolle als Werbehauptstadt einnehmen?

Nun ja bzw. nein. Zwar belegt Berlin in allen Bereichen – von der Kommunikationswirtschaft, von Film- und TV-Industrie bis hin zur Verlagsbranche – gute Rangplätze (das BAW Institut für Wirtschaftsforschung führt in seiner neuesten Studie Berlin mit 51.100 Beschäftigten sogar als größte Branchenstadt der Medienwirtschaft an). Dennoch muss man ehrlicherweise zugestehen, dass Berlin noch lange nicht der bedeutendste bzw. umsatzstärkste Medien- und Kommunikationsstandort in Deutschland ist.

Und auch ein Blick in das aktuelle Handbuch Marken + Agenturen, einem Verzeichnis deutscher kommunikationswirtschaftlicher Agenturen, Dienste, Spezialmittler, Verbände und Institutionen, spricht eine deutliche Sprache: Berlin : Hamburg = 109 : 279.

Was hier wie ein außerordentliches Basketballergebnis aussieht (deutlicher, mit 251 : 33, schlug lediglich der Irak den Jemen im Jahr 1982), stellt einfach die Anzahl der Einträge in diesem Buch gegenüber und verdeutlicht den wahren Abstand zur Konkurrenz. Betrachtet man als weiteren Indikator die aktuellen Kreativ-Rankings deutscher Werbe- und Kommunikationsagenturen, so stellt man auch hier fest: Unter den ersten zehn Agenturen taucht nur eine Berliner Agentur auf, ebenso wie im aktuellen ADC-Ranking. Und bei den ausgezeichneten Arbeiten in dieser Ausgabe sind die Preisträger aus Berlin auch zahlenmäßig unterlegen.

\>\>

>> Gute Kommunikation braucht Vorbilder

Schon immer haben Fachkreise über die Voraussetzungen für gute Werbung und Kommunikation philosophiert und hehre Grundsätze aufgestellt. Insbesondere Werbeagenturen lassen hierbei der Kreativität freien Lauf, um ihren Anspruch philosophisch zu untermauern und glänzen durch besonderen Einfallsreichtum.

Besonders beliebt sind Analogien und Symbole, wenn es um vorbildliche Grundsätze geht. So steht für die einen das trojanische Pferd für gute Werbung. Diese soll äußerlich als Geschenk daherkommen – im Kern jedoch offensiv auf ein Ziel gerichtet, das es zu verfolgen gilt.

Andere bringen ihre Philosophie auf eine kürzere Formel. Bei Scholz & Friends Berlin lautet es ganz einfach: Kommunikation soll überraschen und überzeugen!

Das Gute an Vergleichen und Gesetzen ist, dass man sie übertragen kann. In diesem Fall lautet die These: Was für die Anforderungen an die Kommunikation gilt, kann auch für die Anforderung an den Kommunikationsstandort gelten.

Stellvertretend für das diesjährige Gastland Deutschland, das folglich auch im Mittelpunkt der vorliegenden Dokumentation steht, soll hier diese Frage anhand des Medienstandorts Berlin diskutiert werden: Überrascht und überzeugt Berlin als Kommunikationsmetropole oder gar als Werbehauptstadt?

Ist Berlin überraschend und überzeugend?

Gehen wir der Frage nach: Ist Berlin überraschend? Erzielt Berlin genug Aufmerksamkeit? Kann Berlin gegenüber anderen Werbe- und Kommunikationsstädten überraschen und sich sichtbar differenzieren?

Die Antwort: Ja. Keine andere deutsche Stadt steht zurzeit derart im Fokus der Medien. Dafür ist nicht nur der Regierungsumzug verantwortlich. Auch die Vielzahl der Unternehmen und Verbände, die nach Berlin umziehen, sich neu gründen oder demnächst gründen wollen, sorgen permanent für Schlagzeilen.

Das gilt insbesondere für die Werbe-, Medien- und Multimediabranche, die die neue Beliebtheit des Standortes untermauert. Von den 20 großen Werbefirmen sind inzwischen elf auch in Berlin vertreten. Und wer hätte schon gewusst, dass hier 8000 Unternehmen mit über 100.000 Beschäftigten der gesamten Kommunikationsbranche anzutreffen sind?

Als weitreichend sichtbarstes Zeichen überrascht Berlin auch durch sein neues Äußeres. Sowohl durch die Vielzahl geschichtsträchtiger Bauten als auch durch die zunehmende Anhäufung neuster architektonischer Höchstleistungen, die widersprüchlicher nicht sein können. Wenn es stimmt, was Renzo Piano über die Debis-Baustelle am Potsdamer Platz gesagt haben soll, wonach die Schönheit einer Stadt aus seinen Widersprüchen erwächst, müsste Berlin schon jetzt als Schöngeist und ästhetisches Vorbild in die Geschichte eingehen.

>>

Jean Baptiste Bonzel. Geschäftsführer | **Scholz & Friends Berlin, Berlin**

Jahrgang 1964 | BWL-Studium, danach Tätigkeit im ARD-Studio in Washington, D.C. | **seit 1991** in der Agenturbranche, zunächst bei BDDP/ HMK&M, Düsseldorf, u.a. für Michelin, Lieken, Rover und Land Rover. Wechsel zu KMM, Düsseldorf | **1995** zu Jung von Matt, Hamburg; dort als Chefberater u.a. für Audi, Deutsche Post AG, Wirtschaftswoche und D2 Mannesmann verantwortlich | **seit Juli 1999** Geschäftsführer bei Scholz & Friends Berlin.

>> Kommunikations- standort Berlin <<

Liegt die Zukunft an der Spree?

>> Theft is an affair of honour <<

>> Let's face it: Designers think of themselves as creators. They estimate their creative work – if not to say: they overestimate its value. They believe that they create nothing less than originals - something new every day, up to ... let's say ... thirty a month. But if we are honest – really honest: this is not true.

We have become immodest, lack time for ourselves, in order to be able to line up one creation after the other. We are expected to be well-orientated, we are supposed to know about everything: to know what is hip, to know who reigns the world, to know what school system our children are exposed to.

And what for? In order to be able to get along with clients, match their interests, understand their specific origins and views, in brief: to enable us to build confidential partner relationships as a contractor.

The reason is: the client presumes that the designer knows about him and the field he is working in. He expects to get a strong and distinct profile although at the same time he tries to avoid appearing too different from his competitors.

This shows that people expect a lot of us designers. We are always there, are available, suffer everything, without recreation, six to seven days a week, twelve months a year.

This means: what we lack is time. Not money – but time, time and time again. And what do we do about it? We use the most modern means of communication – for instance the internet. Available for all, easy to use, at hand instantly, easy to copy. We use it not just in order to fill the archives, to get inspired, no – but (let's be honest) to present presentations which are ready to print and have been realized with low budgets and within short production time.

Does this make it impossible to create anything new? Does that mean that the only thing left is to make use of more or less „used" work, examples that already exist and work that was already awarded (slight modifications understood, with different positionings or intellectual-witty decoration)?

It appears that thieves and burglars are punished in our society. Designers though – if they happen to „sample" nicely – will be awarded by renowned juries and experts. And perhaps their work will even be presented in books like the documentation before you.

So is it really impossible to create anything new? Definitely not – genuine designers prove it! <<

tionsdesign. Diese Aufgabe stellt eine große Herausforderung für den Gestalter dar, eine Gratwanderung, die Sensibilität und großes Fingerspitzengefühl verlangt.

Diese lückenhafte Aufzählung zeigt deutlich, dass von uns Gestaltern einiges erwartet wird. Wir sollten genauso ehrgeizig sein wie unsere Mütter und Väter und unsere Kunden – und dies heute, morgen, sechs bis sieben Tage pro Woche, zwölf Monate, mit möglichst wenigen Erholungsphasen: Wir sind immer da, stehen zur Verfügung, ertragen alles, ähnlich einem 24-Stunden-Speiserestaurant ...

Dabei war doch alles einmal so einfach, wie im Märchen: Gute Ausbilder, Lehrer und Professoren an fundierten Gestalterschulen erwarteten einstmals, dass in folgenden fünf klassischen Phasen vorzugehen sei: Phase 1, die so genannte Recherchier- und Dokumentationsphase; Phase 2, die Inkubationsphase; Phase 3, die entscheidende und kreative Illuminationsphase; Phase 4, die Realisationsphase und die Phase 5, die Produktionsphase. Es versteht sich von selbst, dass es entscheidend war und ist, in jeder dieser fünf Phasen von wenig bis sehr intensiven Kontakt mit dem Auftraggeber zu pflegen.

Wenn man nach diesem alten Denkmodell heute noch vorgehen wollte, bräuchte man Zeit, Zeit und nochmals Zeit. Alles was uns fehlt ist also nicht das Geld, sondern Zeit. Was tun wir folglich? Wir bedienen uns der modernsten Kommunikationsmittel, die sich uns bieten, beispielsweise des Internet. Alles ist zugänglich, sofort abrufbar, kopierbar; nicht nur zu Dokumentationszwecken, nicht nur, um in sich zu gehen, nicht nur, um eine Erfindung zu kreieren, sondern um möglichst perfekte druckreife Vorschläge zu realisieren, und das möglichst kostengünstig und in kürzester Produktionszeit. Das heißt, wer sich heute nicht in den hochtechnologischen Gebieten auskennt, sie nicht zu bedienen weiß und hochprofessionell beherrscht, ist nicht mehr von heute, sondern von gestern und wird in Zukunft wohl nur schwer interessante Kunden finden. Neugier wird also erstes Pflichtenheft und permanente Weiterbildung ist unumgänglich, denn technologische Neuheiten sind etablierte Selbstverständlichkeit. Voneinander lernen heißt interdisziplinär zusammenarbeiten, internationalen Austausch und interkulturelle Akzeptanz pflegen. Das zwingt uns, nicht nur als geschäftstüchtige und erfolgreiche Gestalter zu agieren, sondern auch als Ausbilder und Lehrer die Zukünftigen in diese Richtung zu konditionieren. Sichtbare Erfolge sind gefordert und prozesshafte Erfahrungen haben nicht die erste Priorität.

Kann also Neues nicht mehr geschaffen werden? Geht es nur noch darum, Gebrauchtes, Bestehendes, aktuelle Konkurrenzbeispiele, prämierte Lösungen neu zu verwenden, nicht 1:1, versteht sich, aber modifiziert, fantasievoll umgewandelt, anders positioniert, intellektuell mit Pfiff bespickt, einzusetzen? Klar ausgesprochen bedeutete dies, dass die solidarische Akzeptanz heute so hoch ist, dass jedermann gleichberechtigt ist auf alles bisher Geleistete zurückzugreifen und ohne bestraft zu werden, zu benützen und einzusetzen. Anders gesagt: Taschendiebe und Einbrecher, die sich anderswo bereichern, werden in unserer Gesellschaft bestraft. Gestalter jedoch werden – wenn sie, wie es vornehm umschrieben heißt, gut „sampeln" – belobt, von hochkarätigen Fachjuroren mit Gold und Medaillen ausgezeichnet und vielleicht sogar in Büchern wie der „Berliner Type 2000" / „Corporate Design Preis 2000" veröffentlicht.

Kann also Neues nicht mehr geschaffen werden? Mit Sicherheit doch, denn echte Gestalter beweisen es!

>> Seien Sie einmal ehrlich: Die Gestalter zählen sich heute nach wie vor zu den Erfindern. Sie schätzen ihre kreative Arbeit ausgesprochen hoch ein, wenn nicht sogar am wichtigsten. Man sagt ihnen oft nach, sie seien Narzisse und sehr eingebildet, sie seien von sich überzeugt und glaubten, sie schafften täglich nichts anderes als Neuheiten; eine Neuheit heute, eine zweite morgen, eine dritte übermorgen ... bis zu sagen wir einmal dreißig in einem Monat. Doch wenn wir ehrlich sind – was allerdings vielen schwer fällt – geschieht das Gegenteil.

Wir sind unbescheiden geworden, haben keine Zeit mehr für uns selbst, um Kreation um Kreation aneinander zu reihen. Man sagt uns nach, ja es wird geradewegs von uns erwartet, wir seien moderne Menschen, wir seien kulturell engagiert, wüssten über vieles Bescheid, wüssten, was gute und schlechte Filme sind, gute und schlechte Kunstausstellungen, gute und schlechte Rock-, Pop- und Heavy Metal-Veranstaltungen ... von Jazz und klassischer Musik gar nicht zu sprechen. In der Literatur sollten wir die aktuellsten gesellschaftskritischen Schriftsteller kennen und gelesen haben. Wir sollten wissen, was guter und schlechter Recherchierjournalismus bedeutet, was Boulevardblätter könnten und doch nicht können. Wir sollten sämtliche Kellertheateraufführungen, Alternativinszenierungen und interaktive Bühnen erlebt haben. Ebenfalls sollten wir über gesellschafts- und kulturpolitische Bereiche orientiert sein. Wir sollten wissen, wer wo wie regiert; wir sollten wissen, wer in welcher Disziplin welche Auszeichnung erhalten hat. Dass wir über die Modetrends auf dem Laufenden sind und wissen, welche Farbe und welcher Haarschnitt gerade „hip" ist, scheint geradezu selbstverständlich. Und natürlich sollten wir Männer auch gemerkt haben, dass die Frauen keine Sexobjekte sind, sondern liebenswerte Menschen, ungeduldige Ehepartner und genervte Mütter, die nicht nur Kinder erziehen, sondern auch gestandene Männer. Versteht sich von selbst – schon unserer eigenen Kindern wegen – dass wir in der Lage sind, nicht nur über traditionelle Schulsysteme, sondern über sämtliche Alternativausbildungen, Kurse und Trainingsseminare usw. Bescheid zu wissen.

Und wozu sollten wir dies alles wissen? Ja, wenn wir echte Gestalter sind und keine spezifischen Fachidioten, so bedeutet dies logischerweise, dass gleichfalls die Kunden nicht nur aus einem Interessenlager bestehen, sondern aus den verschiedensten Kreisen – wie zum Beispiel: Kultur, Wissenschaft, Architektur, Industrie, Medizin, Fürsorge, Gemeinde, Stadt, Kanton oder Bund. Die partnerschaftliche Beziehung in einem Auftragsverhältnis als Dienstleistungskünstler – und dies sollten wir ja tatsächlich sein – ist enorm wichtig und entscheidet in vielen Fällen über eine gegenseitige homogene Akzeptanz. Denn nur diese bildet die Plattform, sich näher zu treten, sich ein bisschen voneinander zu stoßen, aber sich anderntags zu unterstützen und sich nach getaner und ausgelobter Arbeit und nationalen und internationalen Prämierungsauszeichnungen in Platin, Gold, Silber und Bronze zu umarmen, zu bekochen und warum nicht ab und zu auch mal zu betrinken.

Es gibt jedoch noch einen zweiten, ebenfalls wichtigen Aspekt: Jede Auftragssituation ist durch ihre Spezifität so definiert, dass sie sich ins klassische Branchendenken eingliedern lässt. Das heißt, jedes Unternehmen vergleicht sich ständig mit seiner Konkurrenz und analysiert seine marktwirtschaftliche Positionierung. Der Kunde geht davon aus, dass der Gestalter seine Branche und seine Konkurrenz kennt. Er möchte stark und eigenständig profiliert sein und darf doch nicht andersartiger aussehen als seine Mitstreiter. Was er sich wünscht, ist ein Evaluations- und Innovationsdesign, und nicht etwa ein Revolu- >>

Ernst Hiestand. Geschäftsführer | **Ernst Hiestand + Partner AG, Studio für Design-Beratung, Visuelle Gestaltung, Zollikerberg**

Ausbildung zum Grafiker an der Schule für Gestaltung Zürich | Weiterbildung in Paris | **seit 1960** eigenes Studio; Gastdozent und Mitwirkender an internationalen Meetings, Kongressen, Juries, Ausstellungen in Europa, Asien, Australien, Kanada, USA | Leiter der Fachklasse für Grafik an der Schule für Gestaltung Zürich | Präsident ASG, Vorstandsmitglied SGV, Präsident AGI/CH | Vorsitz der Eidgenössischen Fachkommission zur Anerkennung von Höheren Schulen für Gestaltung | Experte Kantonale Erziehungsdirektion Dept. Grafik, Zürich | Design-Consultant IBM Deutschland

›› Diebstahl ist Ehrensache ‹‹

Von der Verantwortung, ein echter Gestalter zu sein

>> Let's tackle the problem! <<

>> Austrian Art-Directors are said to be much more creative than their German colleagues. Comparing them to their American colleagues, though, we have to state that Austrians as well as Germans lack the guts to present themselves as „designer personalities". How come?

Design in anglo-american countries is evidently much more esteemed than in german-speaking countries. It is even acknowledged as a form of culture – only this explains „stars" like Neville Brody or David Carson.

In the US, designers also have no fear of letting design and art come too close together. In German-speaking countries however, an art director strongly presenting himself as a designer is often seen as artist making effort to sell his work. And as you know, artists here tend to wait for being „discovered" and believe that the true value of their work will be adequately esteemed only postmortally – an attitude which would be judged as insane in the US art scene.

Regarded from an international point of view, „Austrian" advertising in comparison to „German" advertising is located in mid-range. It is definitely more creative than the German one, but does not deliver much that might be considered as spectacular. Thus, „German" advertising is acknowledged with a much more distinct profile as its objectivity and straightforwardness deliver a clear positioning.

Although interaction between different disciplines has always been the motor to innovation, the main Austrian attitude in culture advertising is discretion – no competing with art work. And though all Austrian media (i.e. print, advertising, film, TV and the web) regard anything already existing as superfluous, we have to face it that – despite Austrians are basically in favor of innovations – they tend to block them because of lack of experience.

The interaction between technical innovation and culture has always had an important impact on design innovation, too. In this field, design, architecture and art have always played a significant role to find out about the ranking of these technological innovations. Nevertheless, technical improvements have never affected design directly. It needed creative people however who transformed the new tools into new creative concepts.

Nowadays, it is the establishment of computer media that challenges us art directors like no other innovation before. Interactiveness for instance is a new element that did not exist in traditional media design (i.e. advertising) up to now. Suddenly, art directors are expected to provide a high level of dramaturgical profession and the capability to plan in so-called open structures (with fixed elements – the programming – as well as user-dependent actions).

Naturally, a significantly changing media structure will change the importance of print design, too. Nevertheless, it is not the changing of structures itself but our ability to tackle the problem that will decide on whether we will loose or gain in creativity. So let's tackle it – in order to enable us to continuously deliver innovative print design! <<

>> tungskonzepte ableiteten, und darin nicht nur neue Werkzeuge für die Anwendung althergebrachter Konzepte sahen. Denken wir an das vorher erwähnte Beispiel Carson: In diesem Zusammenhang ist er auch ein typischer Designer des Macintosh-Zeitalters; seine Vorbilder in Cranbrook haben ihre Konzepte in der „Geburtsphase" des Macintosh entwickelt.

Im Moment befinden wir uns in einer weiteren Umwälzungsphase. Die Etablierung der Computermedien stellt Herausforderungen an den Art-Direktor dar, die weit über die bisher gewohnten Berufsfelder hinausgehen. Um nur ein Beispiel zu nennen: Der Gestaltungsfaktor Interaktion ist im Mediendesign gänzlich neu. Er verlangt von einem Art-Direktor ein hohes Maß an dramaturgischem Können, verbunden mit der Fähigkeit, in so genannten „offenen Strukturen" zu planen. Das heißt, er muss mit einer Situation umgehen, in der ein Teil (die Programmierung) vorbestimmt ist, ein anderer Teil jedoch (der, der von der Useraktion abhängt) nur bedingt vorherbestimmbar ist. Dies unterscheidet die Konzeption der Dramaturgie einer CD-ROM bzw. einer multimedialen Homepage von einem Werbespot. Und spielt eine umso größere Rolle dort, wo das Thema „Spiele" Einzug in Informationsmedien hält. Vor allem im Bereich Kulturvermittlung ist momentan ein Trend zu CD-ROM feststellbar, die Elemente von „Adventure-Games" integrieren.

Gerade durch die Neuverknüpfung verschiedener Gestaltungsbereiche entstehen neue Metiers. Und hier liegt sicher die größte Chance für Innovation. Genauso, wie die Bauhausarchitekten nicht einfach nach neuen gestalterischen Einfällen gesucht haben, sondern einen völlig neuen Typus von Haus erfunden haben, liegt die eigentliche Chance im Medienbereich heute darin, einen neuen Typus von Werbemedien zu erfinden.

Zwar ändern sich im Printdesign Aufgabenstellungen und Rahmenbedingungen nicht so grundlegend und schnell wie momentan in Multimedia und Web. Auch ist Innovation hier wahrscheinlich nur durch größere Anstrengung zu erreichen als in letzteren Bereichen. Aber es ist ja nicht die Veränderung der Rahmenbedingungen selbst, sondern die Auseinandersetzung damit, die über den kreativen Gehalt entscheidet. So ist selbstverständlich, dass sich der Stellenwert von Print-Design in einer sich stark verändernden Medienlandschaft mitverändert. Ebenso verändert sich die Rezeption durch das Publikum durch die neuen Medien. Innovatives Print-Design erfordert deshalb von Art-Direktoren eine verstärkte Auseinandersetzung mit diesen sich verändernden Rahmenbedingungen der Medienlandschaft. <<

>> Im deutsprachigen Raum hingegen wurde der Gestaltungsansatz von Carson auch in der ersten Zeit nach dem durchschlagenden Erfolg der Nike-Kampagne zunächst gar nicht als Werbung akzeptiert, sondern lediglich als kurzlebiger Gag betrachtet. Zweifellos war die Person Carson als „Pop-Star" nur eine kurzlebige Erscheinung. Mittlerweile jedoch nimmt ein großer Teil des zeitgenössischen Graphik-Designs auf diese Richtung Bezug und hat Carsons Ansatz in die eigenen Strategien integriert.

Carson hat in Interviews immer wieder bestätigt, dass er diese Richtung gar nicht von Grund auf entwickelt, sondern eher weiterentwickelt hat. Die eigentlichen „Mütter und Väter" dieser Richtung kommen vielmehr vorwiegend aus der Kunstakademie in Cranbrook, Michigan, und haben den – später irrtümlich Carson als Urheber zugeschriebenen – Gestaltungsansatz aus einer fachübergreifenden Auseinandersetzung mit Kunst, Design und Architektur entwickelt.

Wenn ich eine These wagen darf: Meiner Ansicht nach wird der angelsächsische Raum so lange trendbestimmend gegenüber dem deutschsprachigen Raum sein, wie hierzulande die Meinung vorherrscht, dass Design keine gängigen Denkmuster sprengen darf. In diesem Fall nämlich, so die überwiegende derzeitige Meinung, müsste Design als Kunst betrachtet werden. Diese aber eignet sich wieder nicht zum Verkaufen einer Sache, da Kunst hierzulande – wie bereits anfangs erwähnt – ein ganz bestimmtes Image auch bei den Entscheidungsträgern der Wirtschaft besitzt.

Ein weitere entscheidende Rolle für Design-Innovation hat in der Kulturgeschichte schon immer die Wechselwirkung zwischen technischer Innovation und Kultur gespielt. Design, Architektur und Kunst übernehmen hier die Aufgabe, den Stellenwert von technischen Neuerungen auszuloten. So hat beispielsweise erst die Erfindung des Buchdrucks Typografie und Schriftdesign überhaupt erst in der Form möglich gemacht, wie wir es kennen. (Wer dies für ein unwichtiges Detail hält, sollte sich vor Augen führen, dass es in den tausend Jahren davor kaum eine wesentliche Veränderung in der Schrift- und Buchgestaltung gegeben hat.)

Im Bereich der Architektur beispielsweise hat nichts in den letzten 150 Jahren diese so entscheidend verändert wie die Erfindung des Stahlbetonbaues. Das so genannte „technische Design" – also alles, von Flugzeugen über Fahrzeuge bis hin zur Stereoanlage – hat eine Formensprache hervorgebracht, die es bis zu diesem Jahrhundert noch nie in einer auch nur vergleichbaren Form gegeben hat. Und im Bereich Graphik-Design hat nichts in den letzten 15 Jahren dieses so beeinflusst wie die Erfindung des Macintosh.

Sicherlich hat die Technik diesen Einfluss nie direkt genommen, sondern immer nur indirekt. Das haben immer diejenigen Gestalter getan, die aus dem neuen zur Verfügung stehenden Werkzeug neue Gestal- >>

>> Die Briefingvorgaben für das Graphik-Design des Buches lauteten unter anderem: Die Graphik des Buches muss ein starkes visuelles Ereignis darstellen. Es ist an Architekten und Künstler gerichtet; die Publikation darf somit nicht Mainstream sein, sollte jedoch sehr wohl einen gewissen Einschlag von Mainstream aufweisen. Das Design soll sich in seiner Ästhetik der Sprache der Kunst verpflichtet fühlen und somit vom Publikum im Spannungsfeld zwischen Kunst und Design wahrgenommen werden. Es soll in puncto Graphik-Design die schrägste Architekturpublikation in Europa werden. Das Graphik-Design soll, zusammen mit dem Bekanntheitsgrad des Herausgebers in der Szene, den wichtigsten Verkaufsfaktor des Buches darstellen.

Ich weiß nicht, ob das Graphik-Design der Publikation das Schrägste in Europa war. Jedenfalls wurde mir vom Verlag bescheinigt, dass es das Schrägste war, was jemals bei Springer gemacht wurde.

Dementsprechend hatte Springer anfänglich ärgste Bedenken gegen das Konzept. Und war eigentlich nur durch den im Bereich Künstlerarchitektur sehr bekannten Namen Lebbeus Woods bereit, das Projekt in der vorgeschlagenen Form zu realisieren. (Das Buch wurde übrigens ein für viele unerwartet großer Verkaufserfolg.)

Wer nun glaubt, es habe sich bei der oben beschriebenen Konzeption einfach um die versponnene Idee eines Künstlers gehandelt, der ein wenig Selbstverwirklichung betreiben wollte, irrt: Es ist für den Verkaufserfolg einer Architektur- bzw. Kunstpublikation wichtig, dass beim ersten, oft oberflächlichen Durchblättern in der Buchhandlung Faszination auftritt – und das Gefühl, etwas Besonderes in der Hand zu haben.

In der amerikanischen Kulturwerbung ist dies ein durchaus gängiges Prinzip; in Österreich hingegen nicht, im Gegenteil: Wer den österreichischen Sektor der Kulturwerbung kennt, weiß, dass das oberste Prinzip für Kommunikationsdesign hierzulande zumeist Zurückhaltung ist. Man will auf keinen Fall den künstlerischen Arbeiten Konkurrenz machen. Außerdem gilt: Wer im Kulturbereich zuviel Design einsetzt, ist nicht elitär genug ...

Die Schnittstelle von Kunst und Design ist jedoch ein wichtiger Faktor für Innovation. Und gerade Innovation ist nun einmal einer der wichtigsten Verkaufsfaktoren in der Werbung, ebenso wie die gegenseitige Befruchtung verschiedenster Disziplinen wiederum eine entscheidende Voraussetzung für Innovation ist.

In der heutigen Medienlandschaft (dies gilt übrigens für Print/Werbung und Film, Fernsehen und das WWW gleichermaßen) wird all' das als überflüssig betrachtet, was schon einmal da war. Trotzdem steht dem – zumindest in Österreich – eine Grundhaltung gegenüber, die das Neue zwar will, aber nichts grundsätzlich Neues befürwortet, da in diesem Bereich die Erfahrungswerte fehlen.

Dieser Mut, sich auf grundsätzlich Neues einzulassen, ist im US-amerikanischen Raum sicher größer. Man braucht sich nur das Beispiel von Nike vor Augen zu halten, welches sich als erstes internationales Unternehmen auf das Gestaltungskonzept eines David Carson eingelassen und damit seinen größten Werbeerfolg des letzten Jahrzehnts erzielt hat. >>

>> Österreichische Art-Direktoren gelten gemeinhin als deutlich kreativer als ihre deutschen Kollegen. Dies mag damit zusammenhängen, dass die den Österreichern nachgesagte Gemütlichkeit sicher eher in spritzigen „Schmäh" umschlagen kann als die den Deutschen unterstellte Sachlichkeit und Korrektheit. Im Vergleich zu Art Direktoren aus dem angelsächsischen Raum aber gilt: Dem österreichischen wie auch dem deutschen Kollegen fehlt der Mut, sich als „Designerpersönlichkeit" zu präsentieren.

Der Grund? Im angelsächsischen Raum genießt Design allgemein einen höheren Stellenwert als im deutschsprachigen Raum. Design wird dort auch wesentlich stärker als eigenständige Kulturform betrachtet. Persönlichkeiten bzw. „Stars" wie Neville Brody oder David Carson sind nur so zu erklären.

Auch die beispielsweise für Österreich typischen Berührungsängste zwischen Design und Kunst fehlen in den USA. Hierzulande gilt ein Art-Direktor, der eine starke Position als Designer vertritt, nur allzu oft als Künstler, der kaum in der Lage ist, etwas zu verkaufen. – Was auch nicht weiter verwunderlich ist, da es bei uns in der heimischen Kunst geradezu verpönt ist, sich mit öffentlichkeitswirksamer Konzeption und Marketing auseinanderzusetzen.

Der typische heimische Künstler – ich gestehe, hier ein wenig überspitzt zu sein – wartet darauf, entdeckt zu werden. Und steht auf dem Standpunkt, dass das Werk eines Künstlers (und damit auch seines) ohnehin erst 200 Jahre nach seinem Tod angemessen einschätzbar sei. Diese Haltung – ich habe als Art-Direktor immer wieder mit dem Kulturwerbefach zu tun und schon mehrfach mit Künstlern zusammengearbeitet, die zeitweise in New York leben oder dort gelebt haben – würde man in der Kunstszene der USA als geradezu krank ansehen.

Die österreichische Werbung steht meiner Einschätzung nach international in einem kreativen Mittelfeld. Sie ist sicher von mehr Kreativität geprägt als die deutsche, bietet aber wenig Bahnbrechendes. So gesehen hat die sprichwörtliche deutsche Werbung international gesehen ein wesentlich stärkeres Profil als die österreichische, da sie in ihrer Sachlichkeit und Geradlinigkeit doch eine eindeutige Position vertritt.

Meine Zusammenarbeit mit internationalen, vor allem aus den USA stammenden Kunden hat mir gezeigt, dass es dort – wie schon erwähnt – viel weniger Berührungsängste zwischen Kunst und Design gibt. Ebenso existieren deutlich weniger Berührungsängste zwischen sogenannter Hochkultur und Kommerzkultur.

Lassen Sie mich dieses Phänomen anhand eines Fallbeispieles verdeutlichen, in dem es um die Zusammenarbeit mit dem amerikanischen Architekten und Künstler Lebbeus Woods ging. Lebbeus Woods war zu dem Zeitpunkt als Rektor der Schweizer Tochterschule der Postgraduate-School Southern California Institute of Architecture „Sci:Arc" nach Europa gekommen. Eine Buchserie beim Fachverlag Springer Wien/NewYork präsentierte Projekte seiner Studenten. Ich war für die Werbung des Institutes und das Graphik-Design eines der Bücher mit dem Namen „BorderLine" verantworlich. >>

Mag. Gerhard Rihl. selbstständiger Graphik-Designer & Medienberater | **rihlmedia.net graphikdesign medienberatung, Wien**

Studium Graphik-Design an der Universität für angewandte Kunst, Wien (Abschluss 1997) | **1990 bis 1997** Tätigkeit in Graphikdesign-Studios und Agenturen (u.a. Schaefer Design, Mark & Nevosad) | **seit 1998** selbstständige Tätigkeit u.a. für Springer Wien/NewYork, Kunsthalle Krems, Sci:Arc, Grand Casino Moulin Rouge, ÖBB | **seit 1999** Lehrtätigkeit am Kolleg Multimedia und Kolleg Photographie an der GLV-Wien

>> Art-Direktoren unter sich? <<

Kreative Schnittstellen für innovatives Printdesign

A strong brand with a great future

The nopaCoat umbrella brand is synonymous with technological strength, visionary thought and extreme reliability. Both products and service are based on this philosophy – and are constantly achieving greater strengths.
Strengths which can help you to move forward into the future where your success is built on this solid foundation.

... meet the future

UPM-Kymmene Fine Paper GmbH
D-26888 Dörpen, PO BOX 11 60
Tel. +49 (0) 49 63/4 01-0
Fax +49 (0) 49 63/45 45

Member of the UPM-Kymmene Group

nopaCoat - Marken-Papiere mit Zukunft

Eine lebendige Marke braucht Visionen.
Visionen als abstrakte Ziele für die
Ausrichtung des Handelns. Getreu
der Maxime: Schon heute Lösungen
von morgen anbieten - unverkennbares
Merkmal der Marke nopaCoat.
nopaCoot - der Zukunft begegnen.

... *meet the future*

UPM-Kymmene Fine Paper GmbH
Postfach 1160 • D-26888 Dörper
Tel. +49 49 63 / 401 01
Fax +49 49 63 / 401 96 11 01

Ein Unternehmen der UPM-Kymmene Gruppe

>> Playground, tool or ‚old hat'? <<

Traditional publications in the age of digital media

>> Since the Internet began its triumphal advance in the press and in the minds of many entrepreneurs, traditional printed publications have often appeared to recede into the background. Speed, multimedia, interactivity. These are the new buzzwords, and their inflated use in discussions sometimes makes us forget that, in evaluating communication media, there are also other factors to be considered.

As our information society evolves, it seems only a question of time before „e-paper" replaces that classic of the printing world, paper. One can already vividly imagine the following scene: a pensioner, sitting on a park bench in the sun with his „e-newspaper", moistens the tips of his fingers before pressing the „turn-the-page" button.

Brochures – a necessary evil?

Almost all start-up companies today – even if their very own business is purely virtual – have a classic printed corporate presentation. Many of them, though, only of necessity. Initially proceeding on the assumption that it is cheaper and easier to offer all their information via the Net anyway, most start-ups are rudely awakened to reality at the time of their IPO. And in most cases that comes quickly.

Time, that ever-present Damocles' sword, long dominated the relationship between agencies and the new companies. Creativity and strategy often played a subordinate role. A consistent build-up of a distinct brand identity frequently just doesn't happen or is seen only as a short-lived task. The claim is then put forward that on the Net brand and corporate design strategies are subject to different laws than apply in the offline world. However, this line of argument neglects the fact that the Net is not a world unto itself and that the users there are the same people who for years have been the target of advertising by the great classic consumer brands. Using the classic media mix in which printed brochures, product folders and even annual reports play an important and clearly defined role.

Thus, the networking of the various media offers opportunities for greater scope of action in the area of printed publications, whether in terms of creativity or content. They will never become a playground. They remain a proven and sensible tool in the wide field of media. <<

>> und Corporate-Design-Strategien herrschen als in der Offline-Welt. Und im Internet ist ja sowieso ein Jahr gleichbedeutend mit vier Jahren in der realen Welt. Vergessen wird bei dieser Argumentation aber, dass das Netz kein abgeschlossener Raum ist, und dass die dortigen User dieselben sind, die seit Jahren von den klassischen großen Konsumermarken umworben werden: Mit dem klassischen Medienmix, bei dem die gedruckte Broschüre, der Produktfolder oder auch der Geschäftsbericht eine wichtige und klar definierte Rolle spielen.

Szene 3: Finale

So sehen viele führende Unternehmer für die Zukunft eher eine Vernetzung der verschiedenen Medien als einen Verdrängungsprozess. Nach Einschätzung von Michael Otto, Vorstandsvorsitzender des Otto Versands, wird es aus Gründen der Handhabung auch weiterhin einen gedruckten Katalog geben: „Die Möglichkeiten des e-commmerce verändern die Welt rasant. Das Internet bietet sowohl technisch als auch wirtschaftlich einmalige Möglichkeiten. Dennoch wird es den Katalog weiterhin geben, da auch noch in zwanzig Jahren Menschen ihre Produkte bequem aus handlichen Katalogen aussuchen werden."

Auch Ron Sommer, Vorsitzender der Deutschen Telekom AG, meint: „Der rasante Fortschritt im Bereich der elektronischen Kommunikation bedeutet nicht, dass das Buch oder die Zeitung an Informations-Medien an Bedeutung verlieren. Im Gegenteil: Die gedruckte Information ist ein zentraler Teil unserer Kultur, und diese Bedeutung werden die Printmedien auch im Zeitalter der Telekommunikation behalten. Die bisherigen Erfahrungen mit Internet und Online-Kommunikation machen deutlich: In der Mediennutzung der meisten Menschen ergibt sich zwischen elektronischer Information und Printmedien ein optimales Zusammenspiel."

Und in der Optimierung dieses Zusammenspiels liegen die Chancen für größere Freiräume im Druckschriftenbereich, ob kreativ oder inhaltlich. Eine stärkere Ausrichtung des Internets auf die informativen Aufgaben innerhalb einer Unternehmenskommunikation kann den Printmedien den Spielraum geben, ihren Schwerpunkt deutlicher in den emotionalen und weicheren Facetten der Markenführung und Markenpflege zu sehen. Zu einer Spielwiese werden sie nie werden. Sie bleiben ein bewährtes und sinnvolles Werkzeug innerhalb der breiten Palette von Medien. Welche kommunikativen Aufgaben sie in Zukunft genau erfüllen werden, nun – der Blick aus dem Fenster lässt auf Regen schließen, obwohl für heute sonniges Wetter angesagt war – wir werden also sehen.

Und Vorhang. <<

>> Büros vorhergesehen? Schnell wurde klar, dass sich diese Prognose eher ins Gegenteil kehrt. Allein in die Tatsache, dass jedes zweite gesendete Mail noch einmal ausgedruckt und natürlich ordentlich abgeheftet wird, zeigt, wie sehr wir noch an einer klassischen Informations-Aufnahme und -Ablage hängen. Für einen rein virtuellen Informationsfluss ist nur eine kleine Minderheit bereit.

Aber wer nicht mitmacht, kriegt bald auch nichts mehr mit, könnte man meinen. Und dies wird einem von vielen Publikationen suggeriert. Ein Gefühl, das deshalb immer mehr Menschen und Unternehmen beschleicht, die dabei sein wollen oder dabei sein müssen. Wobei, ist ihnen häufig nicht so ganz klar. Denn die Frage nach den neuen Inhalten oder nach dem Nutzen der neuen Kommunikations- und Interaktionsformen bleibt oft ungestellt.

Szene 2:
Ein Start-Up-Unternehmen am Telefon

„Guten Tag, ich hätte gern einige Informationen über Ihr Unternehmen. Haben Sie vielleicht eine Imagebroschüre?" Eine junge dynamische Stimme am anderen Ende der Leitung: „Ja klar, finden Sie auf unserer Internetseite. Die können Sie sich dort anschauen, und wenn sie wollen, natürlich auch downloaden." Gegenfrage: „Haben Sie die Broschüre auch in gedruckter Form?" Hörbares Unverständnis bei meinem Gegenüber. „Natürlich, aber Sie können sie sich doch schneller und einfacher downloaden."

Intermezzo:
Broschüren, ein notwendiges Übel?

Fast alle Start-Up-Unternehmen, auch wenn ihr ureigenstes Geschäft rein virtuell stattfindet, verfügen heute über eine klassische gedruckte Firmenpräsentation. Viele davon aber eigentlich nur gezwungenermaßen. Und dann oft auch nur in einer durchschnittlichen Qualität. (Ausnahmen bestätigen auch hier die Regel.) Ausgehend von der anfänglichen Überzeugung, dass es sowieso günstiger und einfacher sei, alle Informationen über das Netz anzubieten, folgt das große Erwachen bei den meisten Start-Ups beim Börsengang. Und der kommt ja bekanntlich ziemlich schnell. Diesen Schritt ohne gedruckte Broschüren zu machen, erweist sich als unmöglich.

So stehen viele Start-Ups schon von Anfang an mit dem Rücken zur Wand. Zeit ist Geld, und das kommt oft von Venture Capitalists, die mit dem Return On Investment keine Zeit haben, obwohl sie ja eigentlich das Geld haben. Das allgegenwärtige Damoklesschwert Zeit prägte lange die Zusammenarbeit von Agenturen und den neuen Unternehmen. Kreativität und Strategie spielten oft nur eine untergeordnete Rolle. Schnell, laut und am besten orange. So sahen und sehen auch heute noch viele Auftritte von Dotcoms aus. Der konsequente Aufbau einer eigenständigen Markenidentität findet oft gar nicht statt oder wird als Aufgabe für ein paar Monate angesehen. Als Begründung dafür muss dann die Behauptung herhalten, dass im Netz ja andere Gesetze für Marken- >>

>> Doch die rein technisch orientierte Innovation fragt nicht nach der Sinnhaftigkeit. „Es ist, als ob der Sinn durch die Schnelligkeit ersetzt worden sei", mutmaßt Peter Glaser. Und so scheint es im Wandel unserer Informationsgesellschaft nur noch eine Frage der Zeit zu sein: E-paper wird den klassischen Bedruckstoff Papier ersetzen – zum Wohle der Wälder in Kanada – und man kann sich schon deutlich folgende Szene vorstellen: Der Rentner, der mit seiner E-Zeitung auf der Parkbank in der Sonne sitzt und sich die Finger anfeuchtet, um den Umblättern-Button zu drücken. (Wobei er lieber im Schatten sitzen sollte, um Reflexionen auf dem Screen zu vermeiden.)

Vielleicht muss ich an dieser Stelle einmal deutlich machen, dass ich ein ausgesprochener Fan des Internets bin, was bis hierhin ja noch nicht so deutlich geworden ist. Dennoch – und ich habe das Gefühl, dass dieses dennoch zu selten in einigen Köpfen und Diskussionen auftaucht – scheint mir in vielen Fällen eine einseitige Bewertung der Vor- und Nachteile bestimmter Medien vorzuherrschen. Ein paar Erlebnisse aus dem täglichen Leben verdeutlichen dies.

Szene 1: Der Anfang vom Ende

Nachdem mir der Mann ungefähr 45 Minuten lang alles über sein Unternehmen – eine junge Firma, natürlich im Internet tätig – präsentiert hatte, überreichte er mir zum Schluss eine kleine silberne Visitenkarte mit einem Loch in der Mitte. „Und das ist unsere Unternehmensbroschüre! Eine kleine CD-ROM, im Scheckkartenformat. Darauf finden Sie unseren gesamten Internetauftritt und eigentlich alles, was sie über uns wissen müssen." Sprach er, lächelte und ließ mich mit der CD allein. Der Anfang vom Ende einer gedruckten Unternehmensdarstellung?

Rückblende

Paris 1830. Victor Hugo beginnt mit der Niederschrift seines Romans „Der Glöckner von Notre-Dame". Getrieben von seinem Pessimismus über den Einfluss der Massenware Buch auf die damalige Gegenwartskultur fügt er ein Kapitel mit dem Titel „Ceci tuera cela" (Dieses wird jene töten, Anm. d. Red.) ein.

Ein Traktat über den Unterschied zwischen der physischen Präsenz der begehbaren Kathedrale und den gedruckten Seiten, und wie man dabei seinen spirituellen und historischen Platz in der Gesellschaft erfährt. Auch heute hört man wieder den Warnschrei „Dieses wird jenes töten", wenn es in Diskussionen um das Thema Neue Medien geht. In gewohnter Regelmäßigkeit stehen wieder Leute auf, um mit der Ausbreitung des Internets auch das Ende der gedruckten Medien zu prognostizieren.

Man kann sich getrost zurücklehnen und auf andere Prognosen dieser Art schauen. Hat man nicht mit dem Aufkommen des PC den Anfang des papierlosen >>

>> Shortcut

Kurz und mittelfristig gesehen werden die neuen Medien und speziell das Internet nur einen marginalen Einfluss auf das kreative Niveau oder auch auf den Inhalt traditioneller Druckschriften haben. Langfristig gesehen sind Auswirkungen so sicher zu prognostizieren wie das Wetter.

Prolog

Wenn man sich als Gestalter, und ich kann oder muss schon sagen, als Gestalter alter Schule, mit dem Thema „Rückkopplung zwischen digital und print" beschäftigt, kann es einem leicht passieren, dass man sich in die rein optische Facette verbeißt. Sich über Pixeloptik und Bildschirmauflösung aufregt – von der Reduzierung der Farbpalette ganz zu schweigen – oder gar den Niedergang aller typografischen Feinheiten im Netz beklagt.

In dieser Stimmung ist es ganz hilfreich, einmal tief durchzuatmen, um sich dann einer kurzen Betrachtung der generellen Aspekte dieses Phänomens zu widmen. Seitdem das Internet seinen Siegeszug auf den Seiten der Presse und in den Köpfen vieler Unternehmer angetreten hat, treten die traditionellen Druckschriften in der Wahrnehmung oft ein wenig in den Hintergrund. Zu groß ist die Faszination und zu vielfältig scheinen die Möglichkeiten des neuen Mediums. Mit jedem Klick ein neuer Inhalt, hinter jedem Link eine neue Welt. Grenzenlose Informationen zu jeder Zeit, kostengünstig und immer up to date.

Speed, Multimedia, Interaktivität. So heißen dann auch die neuen Zauberworte und deren inflationäre Benutzung in Diskussionen lässt manchmal vergessen, dass bei der Bewertung von Kommunikationsmedien auch noch andere Werte zum Tragen kommen. „Das elektronisch verwobene Global Village hat keine Rasenbank unter der Dorflinde und keinen Brunnen vor dem Tore", wie Kurt Weidemann, ein Urgestein innerhalb der deutschen Design- und Typografielandschaft so treffend formulierte.

Aber Geschwindigkeit ist nicht alles. Während Zeitforscher schon längst die Entschleunigung als Gegentrend zu unserer Hochgeschwindigkeitsgesellschaft formuliert haben, scheinen jedoch viele Dotcoms und mit ihnen auch viele Gestalter noch vom Sog des digitalen Fortschritts mitgerissen zu werden. Gemütlichkeit und Langsamkeit sind hier altmodische Werte. Wer nimmt sich heute noch die Zeit und Muße, die Haptik einer Blindprägung auf einem Naturpapier zu würdigen, wenn auf der anderen Seite das Erlebnis steht, das ihm eine dynamische Flash-Animation bietet. Wer honoriert eine ungewöhnliche Bildkonzeption für einen Geschäftsbericht, wo er doch schon alle Arten von Bildern im Netz findet. Und bewegt sind sie außerdem! Im Netz passiert immer etwas, auch wenn man sich manchmal fragt, warum es passiert. Eine gehörige Portion Spieltrieb ersetzt heute oft noch die Tiefe und die Qualität des Angebots.

Martin Tafel. Executive Creative Director | **Mitglied der Geschäftsleitung Ogilvy&Mather Special, Düsseldorf**
seit 41 Jahren auf der Welt | **seit 18 Jahren** in der Werbung | **seit neun Jahren** bei Ogilvy&Mather Special

» Spielwiese, Werkzeug oder Auslaufmodell? «

Die traditionellen Druckschriften
im Spannungsfeld der digitalen Medien

Dank an die Sponsoren

Modo Papier
Nordland Papier
Arbeitskreis Prägefoliendruck

in Zusammenarbeit mit
Bundesverband Druck e.V.

Berliner Type 2000
Druckschriftenwettbewerb

Internationaler Druckschriftenwettbewerb

>> Berliner T pe 2000 <<

Trends der Einreichungen in den Statements der Jury

>> Was war anders, was war neu, was war wie immer? Anders als in den Vorjahren war die Anzahl der Einsendungen. Zum Glück. Viele Agenturen und Unternehmen haben mehr über die Qualität ihrer Einsendungen nachgedacht. Weniger ist eben manchmal mehr. Die Folge war nicht unbedingt eine Steigerung der Spitzenklasse, aber es wurde schwerer, die Spreu vom Weizen zu trennen. Anders war auch die Tendenz, das Hirnschmalz in die eigentlichen Ideen und nicht in Überformate und aufwendige Kartonage zu stecken.

Neu im Bereich Grafik-Design/Typografie war der eindeutige Trend, Metallic-Farben im Druck einzusetzen. Klarer Sieger wurde hier Silber: als Fläche, als Linien oder subtil als Zusatzfarbe im Duplexdruck von Bildern, oft gepaart mit hellen, leuchtenden Grüntönen. Eine zweite neue Stilrichtung zeigt sich in der Verwendung von geometrischen Rundformen. Bilder und Flächen werden damit radikal in Szene gesetzt, manchmal bis zur Unkenntlichkeit zerstört. Sowohl bei der Typografie wie auch im Grafik-Design ist allerdings die mangelnde Liebe zum Detail geblieben. In vielen der eingereichten Arbeiten zeigte sich zudem die Unkenntnis oder die Unfähigkeit, komplexe Sachverhalte von Anfang bis Ende erst zu durchdenken und dann visuell zu interpretieren.

Im Bereich Fotografie ist die Qualität der Einreichungen gegenüber 1999 gesunken.

Im Bereich PR setzte sich bei Geschäfts- und Umweltberichten der Trend, einen Geschäftsbericht als Imagetool einzusetzen, deutlich fort. Die Umsetzungsqualität hat durchweg ein hohes Niveau erreicht. Die Arbeiten zeigten mehr Gestaltungsfreiheit in bezug auf Farbigkeit, Illustration, Typo, Foto und Formate. Themenzentrierung erhöht die Attraktivität für die Leser. – Mitarbeiterzeitschriften stagnierten auf niedrigem Niveau. Bei Kundenzeitschriften erstickte Lobhudelei nach wie vor den Nutzwert vieler Produktionen.

Im Bereich Werbung/Text war das Niveau höher als im Vorjahr. Viele Arbeiten waren überdurchschnittlich stimmig und durchdacht, „handwerklich perfekt"; die zündende Idee, die Überraschung jedoch hat weitgehend gefehlt.

Im Bereich Verkaufsförderung/Konzeption sind in einzelnen Branchen die Zielgruppen zusätzlich verfeinert und dadurch noch direkter angesprochen worden. Im konzeptionellen Bereich stellte die Jury eine klare Stagnation fest. Es fehlten „Aha-Effekte", die Verkaufsförderung verharrte in den klassischen Formen. Zugleich wurden aufwendigere Materialien verwendet, ohne dass sich hierdurch die inhaltliche oder kreative Qualität der Aktion verbessert hätte.

Im Bereich Druck/Weiterverarbeitung wurde auch in diesem Jahr wieder überwiegend Standardqualität eingereicht. Dabei waren die herausragenden Arbeiten meist auch mit großen Firmennamen verbunden. Wird nur dort noch das Kapital eingesetzt, um die mit der Agentur verabschiedete Konzeption – beispielsweise in bezug auf aufwendige Verarbeitungselemente, Veredelung, Mehrfarbigkeit und neue Rastertechnologien – bis zum Schluss konsequent umzusetzen? <<

>> Introduction to English Readers <<

>> Each year, the German kommunikationsverband.de (IAA) organizes several high-ranking creative awards in the field of communication. The awards cover print objects, corporate design, business to business, film and sponsoring, just to name a few. The organization's aim is to improve quality and competence in communication by giving agencies and companies a platform to have their works judged by renowned experts.

The publication you see before you concentrates on print objects. The book presents the winners of the 32nd International Printed Matter Contest „Berliner T pe" 2000 and publishes articles on topics of actual interest in this field of communication. The range covers the award's categories (concept, copy, graphic design, typography, photography, print/manufacturing) for image brochures, annual reports, journals and newspapers as well as print objects specialized on public relations, sales promotion and advertising. As this year's winners will be honoured in Frankfurt/Main, the articles concentrate on advertising and communication in Germany.

The documentation presents short English abstracts at the end of each article in order to give English readers a hint of the most important aspects. Articles originally written in English are printed in a full-length German translation.

The award's focus is international though focusing on German-speaking countries (Austria, Germany and Switzerland). The award allows agencies and companies located in these countries or working for clients located in these countries to enter their works. This year, more than 350 works were entered in the contest. The jury awarded 21 medals (9 gold, 4 silver, and 7 bronze) and 32 diplomas.

Herewith, the kommunikationsverband.de would like to thank everybody who contributed to the realization of the award and the book before you: sponsors, partners, authors, the members of the jury and, last not least, the participants of this year's award. Will we see you in 2001?

Trends

What was different, what was new, what was business as usual? This year, less works were entered – though it became more difficult to sort out the best. Fortunately, the works concentrated on the idea and not in oversize formats or costly presentation.

In the field of graphic design and typography, the jury noticed a trend to use metallic colours, particularly silver in combination with green. New was also the use of geometric patterns fragmenting pictures and space past recognition. Many works also showed that their creators were ignorant or uncapable of thinking out complex situations to their end at first before starting to translate them into action.

In the field of photography, quality ceased. – In regard to public relations, there was a significant trend to use annuals als image tool. The entered works were on a high level and showed a great degree of creative freedom in regard to color, illustration, typo, foto and size. In regard to the content, there was a trend to present closed topics in order to enlarge the annuals' attractiveness for the readers. Magazines for employees showed a poor level; magazines for clients still tended to indulge in self-adulation.

In regard to advertising/copy the entries presented a high level quality. There was a lack of surprising elements, though. This was also claimed in regard to sales publications, where the jury also stated a trend to invest in costly presentation without improvements in regard to the actions. The target groups were better aimed at.

In the category of print/manufacturing, mainly standard was entered. Evidently, only big companies seemed to have invested in the strict realization of (costly) original concepts. <<

>> Das Thema Druckschriften ist zu wichtig, um ihm gerade in multimedialen Zeiten nicht verstärkt Aufmerksamkeit zu schenken. Die Bedeutung von Druckschriften als Bestandteil der Unternehmens- und Produktkommunikation ist innerhalb und außerhalb der Branche derzeit nicht immer unumstritten. Hohe Qualität ist deshalb die Voraussetzung dafür, dass diese Instrumente auch künftig den ihnen gebührenden Platz im Kommunikationsmix einnehmen.

Der kommunikationsverband.de leistet mit dem Internationalen Druckschriftenwettbewerb Berliner T pe für Deutschland, Österreich und die Schweiz kontinuierlich seinen Beitrag zur Qualitätssicherung und -verbesserung. Dies gilt auch für die anderen von ihm veranstalteten Kreativ-Awards, wie zum Beispiel für den BoB Best of Business-to-Business, den Werbefilmwettbewerb DIE KLAPPE oder den Corporate Design Preis.

Auf die 32. Wettbewerbsausschreibung hin wurden der Jury 358 Arbeiten aus Österreich, Deutschland und der Schweiz eingereicht. 21 Druckschriften wurden mit einem Award ausgezeichnet. Für besondere Einzelleistungen wurden ferner 32 Diplome (davon drei Doppeldiplome) vergeben. In einem Trendbericht (s. S. 7) bewertet die Jury, wie sich das kreative Schaffen in diesem Bereich entwickelt hat und welche Veränderungen bei Konzeption, Gestaltung und Realisierung angetroffen wurden.

Der Jury ist an dieser Stelle für ihr Engagement zu danken. Sie stellt sicher, dass in den einzelnen Bewertungsgruppen (von Konzeption und Text, über Grafik/Typografie, Fotografie und Illustration bis hin zu Repro/Druck und Weiterverarbeitung) Expertise und umfangreiche Erfahrung für die Bewertung zur Verfügung stehen.

Ein solches Projekt zur Qualitätsverbesserung erfordert neben dem Eigenbeitrag der Wettbewerbsteilnehmer tatkräftige Unterstützung und die Hilfe von Sponsoren und Partnern. Diesen möchte ich an dieser Stelle – ebenso wie dem Bundesverband Druck e.V., der auch in diesem Jahr wieder als Mitveranstalter aktiv war – gleichfalls danken. So wurden die Jury-Sitzung und die Preisverleihung großzügig von der Firma Modo Paper unterstützt; die Firma Nordland Papier stiftete das hochwertige Material für die Dokumentation, und der Arbeitskreis Prägefoliendruck machte die technische Umsetzung des repräsentativen Schutzumschlages möglich.

Dank gebührt aber auch den Autoren sowie unseren kompetenten Partnern bei der Realisierung der Dokumentation dieses Wettbewerbs: dem Varus Verlag (Bonn) für die verlegerische Betreuung und hochwertige Gestaltung der Dokumentation, die Pressearbeit sowie die Koordination und Unterstützung der Preisverleihung, der Agentur Kuhn, Kammann & Kuhn (Köln), dem Fotografen Christoph Fein (Essen) und den Lithografen, Druckern und Weiterverarbeitern, die dazu beitrugen, dass die Präsentation der Gewinnerarbeiten und des Wettbewerbs in einer dem Anspruch des Wettbewerbs angemessenen Weise möglich wurde.

Wir hoffen, Sie mit dem vorliegenden Werk zu inspirieren und würden uns freuen, Sie beim nächstjährigen 33. Internationalen Druckschriftenwettbewerb Berliner T pe als Einreicher begrüßen zu dürfen! <<

>> Vorwort <<

Lutz E. Weidner. Hauptgeschäftsführer | kommunikationsverband.de, Bonn

Inhalt

>> **Vorwort** 4

Introduction to English Readers 6

Trends der Einreichungen 7
in den Statements der Jury

>> **Internationaler Druckschriftenwettbewerb Berliner T pe 2000**

Spielwiese, Werkzeug oder Auslaufmodell? 10
Die traditionellen Druckschriften
im Spannungsfeld der digitalen Medien
Martin Tafel, Düsseldorf

Art-Direktoren unter sich? 18
Kreative Schnittstellen für innovatives Printdesign
Mag. Gerhardt Rihl, Wien

Diebstahl ist Ehrensache 24
Von der Verantwortung, ein echter Gestalter zu sein
Ernst Hiestand, Zollikerberg

Kommunikationsstandort Berlin 28
Liegt die Zukunft an der Spree?
Jean Baptiste Bonzel, Berlin

Ist Kreativität unerwünscht? 34
Zum Anderssein Mut machen
Jon Matthews, Amsterdam

Von Schwüngen und Veränderungen 38
Wie ich eine Schrift entwerfe
Edward E. Benguiat, USA

Kreativität muss stören 46
Ein Plädoyer gegen Mittelmaß
Oliviero Toscani, Italien

Sein oder Nichtsein 60
Zeitschriftengestaltung bald ohne Inspiration?
Horst Moser, München

Look and Feel 66
Neue Impulse für innovatives Design
Volkhard Chudzinski, Zürich

Gutes bis zum Ende denken 70
Tipps für Auftraggeber und Kreative
Franz-Josef Vogl, Saarbrücken

Papier ist hightech 78
Digitaldruckpapiere und deren Entwicklung
Gerd Carl, Dörpen

>> **Die Jury Berliner T pe** 82

Gold 84

Silber 104

Bronze 112

Diplome 126

Ranking 178

Register 182 <<

Impressum

>> Herausgeber und verantwortlich für den redaktionellen Inhalt
kommunikationsverband.de
Adenauerallee 118, 53113 Bonn
Telefon: ++49. 228. 949 13-0
Telefax: ++49. 228. 949 13-13
e-mail: info@kommunikationsverband.de

Projektleitung
Varus Verlag, Bonn. Birgit Laube

Gestaltung
Varus Verlag, Bonn. Iris Etienne

Titelgestaltung
Varus Verlag, Bonn. Iris Etienne

Titelfotografie
Kuhn, Kammann & Kuhn GmbH, Köln

Reproduktion
Christoph Fein, Essen

Lithografie
mediaworx GmbH, Euskirchen

Druck
Heggen Druck, Leverkusen

Bindung
Buchbinderei Burkhardt AG, Zürich-Mönchaltorf

Umschlagveredelung
Bawarel, Bern

Papier
nopaCoat premium silk
150 g/m2 (TCF),
ein holzfreies, spezialmattes, hochweißes,
zweiseitig doppelt gestrichenes Bilderdruckpapier
der Nordland Papier AG, Dörpen

Verlag
Varus Verlag
Königswinterer Str. 552
D- 53227 Bonn
Telefon: ++49. 228. 944 66-0
Telefax: ++49. 228. 944 66-66
e-mail: info@varus.com
Internet: www.varus.com

Anzeigenleitung
Varus Verlag, Bonn. Birgit Laube

Produktmanagement
Varus Verlag, Bonn. Detlef Mett

Die Deutsche Bibliothek – CIP-Einheitsaufnahme

Berliner Type 2000, Corporate Design Preis 2000 : Druckschriftenwettbewerb / Hrsg.: kommunikationsverband.de - 1997 -. – Bonn : Varus-Verl., 1997 – 2000. – (2000)   ISBN 3-928475-40-1

Das Werk einschließlich aller seiner Teile ist urheberrechtlich geschützt. Jede Verwertung außerhalb der engen Grenzen des Urheberrechtsgesetzes ist ohne Abstimmung des Verlages unzulässig und strafbar. Dies gilt insbesondere für Vervielfältigungen, Übersetzungen, Mikroverfilmungen und die Einspeicherung und Verarbeitung in elektronischen Systemen. Alle Rechte vorbehalten:
© Varus Verlag 2000

ISBN 3-928475-40-1   <<

Berliner T pe
Druckschriftenwettbewerb
2000